Atif Hamid

Das Leben eines Fremden in Deutschland
Zerrissen zwischen zwei Kontinenten

Atif Hamid

Das Leben eines Fremden in Deutschland

Zerrissen zwischen zwei Kontinenten

Rediroma-Verlag

Bibliografische Information der Deutschen Nationalbibliothek:
Die Deutsche Nationalbibliothek verzeichnet diese Publikation in der Deutschen Nationalbibliografie; detaillierte bibliografische Daten sind im Internet über http://dnb.ddb.de abrufbar.

ISBN 978-3-96103-459-8

www.rediroma-verlag.de
9,95 Euro (D)

Atif Hamid verfügt über einen Magister in ausländischer Wirtschaft in Italien, spezialisiert auf Englisch, studierte fünf Sprachen, arbeitet international als Übersetzer und Dolmetscher, arbeitet ehrenamtlich als Professor und Dotzent für Studierende der ägyptischen Universitäten und auch der deutschen Universität in Kairo. Er, als Karatemeister, lehrt auch die Kunst des Karate und der Selbstverteidigung, aber auch, wie man seine Angst und Wut durch Selbstvertrauen beherschen kann. Er ist auch ein Schriftsteller und Autor.

Atif lebt glücklich in zwei Heimatländern, Ägypten und Deutschland und er fühlt sich über den Wolken zwischen Deutschland und Ägypten am wohlsten.

Er versucht in seinen Büchern durch offene, scharfe, realistische, aber auch logische Kritik, die unfaire Behandlung, die die Ausländer in Deutschland erleben, zu ändern.

Inhalt

Vorwort 8
Der Hilferuf 10
Abflug vom afrikanischen Kontinent 13
Florenz 15
Sexuelle Belästigung im Zug 17
Die schöne Frau von Mailand 21
Sehnsucht nach Afrika 23
Jack, mein Freund 27
Jack und die Diktatur 32
Der Verlust von Jacks Bruder 34
Entführung und Mord 44
Mein Leben in Deutschland 51
Ein Fremder zu sein 54
Ehe zu dritt und die seelische Belastung 55
Die Inspiration durch den Blitzschlag 57
Ausländer in zwei Kategorien 59
Rassismus der Polizei, Fall 1 62
Das Echo 68
Die Flüchtlinge und die Sorgen der Deutschen 70
Der Appell 74
Der Rassismus der Schwiegereltern 78
Die Schikanen meiner Schwiegermutter 87
Der Ratschlag meines Schwiegervaters, der die 101
Kinder, zum Sex ermutigte 101
Eine Nachricht mit den Gründen für die Trennung . 104
an meine Frau 104
Das instrumentalisieren meiner Frau 109
durch ihre Mutter 109

Die Reue vor dem Tod wäre angebracht 113
Der Rassimus der Polizei, Fall 2 122
Der Rassimus der Polizei, Fall 3 123
Falsche Anschuldigungen gegen Ausländer 124
Die Abrechnung meiner Frau 129
Die Manipulation der Kinder durch meine Frau...... 132
Die Kinder der Mutter kampflos überlassen 134
Der Rassimus der Polizei und die Verherrlichung .. 137
der Taten der Neonazis, Fall 4 137
Hitler und seine Erbe 142
Der Rassimus der Polizei, Fall 5, und die verbrannte
Leiche des Schwarzen 147
Der Jacks-Onkel-Fall und die UN 153
Die drei Wünsche meiner Frau 154
Die Krankheit meiner Frau, die sie durch ihre eigene
Familie bekam 159
Das Treffen mit meiner Frau und die neue, schlaue
Methode 162
Meine Heilung durch die Sex-Therapie 169
Der gewissenlose Arzt 173
Bereitschaft und Verständnis für den Dialog 174
Schlusswort 179

Vorwort

Sehr verehrter Leser, jedes Wort in diesem Buch beruht auf der Wahrheit.

Selbstverständlich, in diesem Buch gibt es viel Kritik, die auch auf der Wahrheit beruht, aber leider gibt es viele Menschen, die die Wahrheit nicht ertragen können. Für diese Menschen sang eine hübsche Italienerin ein Lied, das „ LA VERITA FA MALE“ hieß, und die Übersetzung dafür ist: „Die Wahrheit tut weh“.

Mit meinem Buch möchte ich niemanden attackieren oder beleidigen. Es geht nur darum, dass ich alles, was in diesem Buch beschrieben ist, wortwörtlich erlebte und ich musste diese Fälle, die total wahr sind, ans Licht bringen, weil sie sehr lang in der Dunkelheit waren.

Und solange diese Fälle unterdrückt wurden und nicht ans Licht kamen, machten sie sich in meinem Körper breit, um ihn Stück für Stück durchzufressen, wie eine bösartige Geschwulst.

Falls irgendjemand sich durch meine Kritik, die ich an die Übeltäter gerichtet habe, angesprochen fühlen sollte und dann beleidigt würde, weil dieser irgendjemand selbst ein Übeltäter ist, dann würde ich diesem irgendjemanden vorschlagen: Versuche wie ein Mensch und nicht wie ein Lebewesen zu leben, denn eine Stechmücke ist auch ein Lebewesen.

Springen Sie gleich zu der Einleitung, „Wie wäre ein Mensch …“

Der Hilferuf

Wie wäre ein Mensch ohne Gefühle, und beeinflussen uns die Gefühle, und kann man unterscheiden zwischen Gefühlen und Sensibilität und wie ist das mit der Empfindsamkeit?

Ist ein Mann, der sensibel, empfindsam und voller Gefühl ist, anders als ein normaler Mann?

Ist die Empfindsamkeit und Sensibilität ein Vorteil oder eher ein Nachteil. Fragen und nochmal Fragen, aber wer kann sie beantworten?

Selbestverständlich ahnen „meine Leser”, die mein Buch DIE ENTTÄUSCHUNG gelesen haben und sich für dieses Buch interessierten, schon, worüber ich schreiben will und wer am besten die vorherigen Fragen beantworten kann.

Die Person, die diese Fragen beantworten kann, ist die Person, die durch die Hölle ging, die Person, die ein Leben lang Schmerzen und Leid ertragen musste. Ja, nicht nur Schmerzen und Leid, aber auch ein Gefühl der Einsamkeit und als ob ein Stück meines Herzens fehlte.

Das war kein Gefühl der Angst oder der Traurigkeit, aber auch nicht das Gefühl der Sehnsucht nach Vergangenheit, sondern ein dramatischer Hilferuf der Melancholie und der Notwendigkeit.

Im Raum war genug Luft da, aber ich durfte sie nicht atmen, wer hatte sie mir verboten und was hielt mich zurück, sie zu atmen? Das war mir noch nicht ganz klar.

Mit angehaltenem Atem ging ich auf den Balkon und suchte nach einem Atemzug, aber vergeblich, als ob das Schicksal mir sagen wollte, das ist zwicklos.

Ich schaute nach oben in den Himmel und suchte nach Hilfe für meine Atemnot, ich war sehnsüchtig nach einem Atemzug, oder nach einer Nova, die mir helfen konnte. Vielleicht hätte mein alter Stern seine Arbeit besser verrichten sollen.

Diese Schmerzen wurden verursacht durch das Gefühl des Verlustes, des Verlustes eines Stückes meines Herzens, eines Teils von mir, das von äußerer Rache instrumentalisiert und durch das Übel manipuliert wurde. Manipuliert mit dem magischen Wort „falsche Freiheit“. Ich suchte selber nach Freiheit, aber bestimmt, nicht nach der falschen Freiheit und jetzt griet sie leider in Vergessenheit.

(Meine Tochter, mehr über sie in meinem Buch DIE ENTÄUSCHUG.)

Gefühle sind eine schöne Sache aber leider ist auch ein „schwacher Punkt“, der viel Schmerzen und Leid verursachen kann. Wie wäre es, ein Mensch ohne Gefühle zu sein. Ein gefühlloser Mensch ist ein normaler Mensch, aber leider besitzt er Grausamkeit in sehr hohem Maße. Und er versucht, diesen „schwachen Punkt" des anderen ohne Gnade auszunutzen, bis das Ziel erreicht wurde. Und das sollte die totale „Vernichtung" sein.

Das ist wie beim Boxen, wo der Gegener auf einen schwachen Punkt beim anderen wartet und dann darauf schlägt, um zu punkten, und wenn die Schläge zu viel werden und der andere zu Boden geht, unterbricht der Schiedsrichter das Match und der Verletzte wird gerettet, aber leider, in meinem Fall, war kein Schiedsrichter da und meine Geliebte Frau war der Gegner und sie wollte keine Unterbrechung, sie wollte für mich auch keine Rettung. Alles, was sie wollte, war, „die totale Vernichtung". Nach dem Sprichwort, „Wenn ich dich nicht haben kann, dann sollte dich keine andere haben".

Ich wollte in diesem Buch nicht über meine Frau schreiben, weil ich schon genug über sie in meinem ersten Buch DIE ENTTÄUSCHUNG schrieb. Ich hatte nur zeigen haben wollen, wie ein Mensch, der voller Gefühle ist, sehr verletzlich sein kann.

Abflug vom afrikanischen Kontinent

Als ich Ägypten verließ und nach Italien flog, besuchte ich dort mehrere Städte wie Mailand, Turine, Rom, Venedig und Florenz.

Von jeder Stadt werde ich Geschichten und Abenteurer, die mir tatsächlich passiert sind, erzählen.

In Florenz wollte ich bleiben und weiter studieren. Florenz war und ist eine faszinierende Stadt und sehr interessant. Nach Florenz kamen Menschen von überall her, Studenten und Touristen und, wie ich früher erwähnte, hatte ich meine Frau in Florenz kennengelernt. In Florenz lernte ich auch einen Studenten kennen, der aus Afrika kam, aber aus welchem Land, daran kann ich mich nicht mehr daran erinnern. Aber seinen Spitznamen kenne ich noch, denn damals, als er mir seinen Spitznamen nannte, musste ich lachen und fragte ihn, wie es kam, dass ein Afrikaner sich „Jack" nannte, und da erzählte er mir, dass er im Irak war und in einem Hotel arbeitete und in diesem Hotel waren Gäste aus Frankreich und sie hatten ihn „Jack" genannt.

Jack studierte mit mir und wir trafen uns täglich und er erzählte mir Geschichten, über sein Leben und von seinem Land, aber auch vom Ausland, aber leider kann, ich mich, wie ich schon erwähnte, nicht mehr daran erinnern, aus welchem Land er kam, aber auch die Länder im Ausland, von denen er mir seine Geschichten erzählte, weiß ich nicht mehr.

Alles, woran ich mich erinnere, ist, dass sein Spitzname Jack war und die Länder, von denen er mir seine Geschichten erzahlte, in Europa waren.

An seine Geschichten aber kann ich mich wohl gut erinnern, weil ich wahre Geschichten gerne schreibe. Bevor ich die Geschichten von Jack erzähle und was er in seiner Heimat und im Ausland erlebte, fange ich erst einmal mit meinen Geschichten an, aber auch Jacks Geschichten werden zwischendurch erzählt werden.

Florenz

Obwohl der Titel meines Buches sich auf „Fremdartigkeit" bezieht, muss ich sagen, dass ich mich in Italien nie als ein Fremder fühlte. Das Gefühl, fremd zu sein, kam erst später und nicht in Italien. Italien war und ist ein schönes Land, das Klima dort ist sehr angenehm, ich war dort in Florenz Jahre und habe nie Schnee gesehen. Dort brauchte ich im Winter weder Stiefel noch eine dicke Jacke noch eine Mütze aber auch einen Schal brauchte ich nicht. Das Essen in Florenz war gut und schmackhaft, aber auch der Kaffee schmeckte sehr gut, ich trank immer Cappuccino.

Meine Freundin, die ich später heiratete, trank auch immer Cappuccino, und ich habe immer bezahlt.

In Florenz gab es auch gutes Eis, vor allem die Sorte Riso, das bedeutet auf deutsch „Reis", und davon machte man dort Eis, was meine Freundin und ich gerne aßen.

Und weil ich das Wort Reis erwähnte, erinnere ich mich daran, wie meine Frau die Sorte Riso als Eis liebte.

Nachdem das erste Kind in Deutschland geboren worden war, fuhr ich zurück nach Florenz, um das Auto, das ich in Deutschland gekauft hatte, wieder in Florenz zu verkaufen, gab sie mir eine Thermoflasche mit, um sie mit Riso-Eis zu füllen und ihr zurückzubringen. Gesagt, getan, und sie freute sich sehr, weil sie ihr Lieblingseis wieder haben konnte und vor allem auch weil das Eis in der Thermoflasche noch fest war.

Und seitdem fuhren wir jährlich in den Urlaub nach Italien, und immer wieder wollte sie das Riso-Eis essen. Egal, ob wir in Florenz oder in einer anderen Stadt gewesen waren, bestellten wir das magische Eis, es schmeckte mir auch, aber die Kinder bevorzugten Erdbeer- oder Schokoladen-Eis.

Sexuelle Belästigung im Zug

Bevor ich nach Florenz kam und mit dem Studium anfing, war ich in Mailand, die schöne große Stadt.

In Mailand lernte ich einen Mitreisenden kennen, dessen Name Jim war, den ich im internationalen Zug von der Türkei nach Italien traf. Von ihm trennte ich mich ganz schnell, nachdem ich sein schlechtes Benehmen im Zug sah.

In diesem Zug waren viele Ausländer von überall her, aber der Zug war nicht voll und die Kabinen (Abteilungen) waren nicht voll besetzt. In einer Abteilung saß ich mit diesem Jim, dessen Herkunftsland ich nicht wissen wollte und auch nie danach fragte.

Wir hatten vor dem Reisebeginn in der Türkei (Istanbul), wo wir den Zug nahmen, viel Essen gekauft, und wir meinten, dass das Essen für die Reise von vier Tagen von Istanbul nach Mailand reichen würde.

Dabei haben wir übersehen, dass der Schlaf im Zug ganz anders ist, schliesslich gibt es im Zug viel Krach und die Schaffner kommen jederzeit, um die Fahrkarten zu kontrollieren, also war es unmöglich, die ganze Nacht zu schlafen. Und damit war die Reisezeit für unsere Mägen länger geworden, zusammengefasst, das Essen reichte nicht. Das war der dritte Tag im Zug und das Essen ging beinahe zu ende, abgesehen von zwei Bananen. Ich schlug vor, dass wir die Bananen erst am vierten und letzten Tag im Zug essen sollten, damit unser Zuckerspiegel nicht rapide in den Keller wanderte.

Mit diesem Vorschlag war Jim, der ein bisschen Englisch konnte, einverstanden. Wir hatten richtig Hunger und im Zug gab es nichts zu kaufen. Ich fragte ihn, ob er mit mir durch den Zug laufen wolle, vielleicht würden wir Mitreisenden finden, die viel Essen hatten und davon etwas entbehren konnten, schließlich wäre das bei uns in Ägypten ganz normal gewesen. Und die Menschen dort würden sogar darum bitten, den anderen, die in Not waren, von ihrem eigenen Essen etwas abgeben zu dürfen, auch wenn sie davon wenig hatten und es für sie gerade reichen würde. Sie würden teilen, was sie hatten, aber nur, wenn es ums Essen ging.

So, Jim wollte nicht mit mir kommen und ich dachte, er sei müde, aber später sollte sich herausstellen, dass er etwas anderes im Sinn hatte, später mehr davon.

Ich ging aus unserem Abteil und spazierte durch den Zug, dabei fiel mir auf, dass im benachbarten Abteil ein blondes Mädchen war, das allein dort schlief. Ich ging weiter durch den Zug und er war ziemlich lang.

Weiter vorne sah ich einen blauäugigen jungen Mann, der sich ans Fenster lehnte und ein großes Baguette hatte. Ich lief zu ihm und fragte ihn, ob er ein Stückchen seines Baguttes entbehren könnte, weil wir nichts mehr zu essen und noch einen Reisetag vor uns hatten. Für mich war das ganz normal, schließlich war ich gerade frisch aus Ägypten gekommen und dort lassen die Leute die anderen nicht verhungern. Ich war mir sicher, dass er mir von seinem Bageutte etwas abgeben würde, aber zu meiner Enttäuschung, war seine Antwort „Nein". Das war mir sehr peinlich, aber auch unerwartet. Und hier wusste ich, dass ich nicht mehr in Ägypten war und die Mentalität von anderen respektieren musste. Hier in diesem Zug fing ich mich an, wie ein Fremder zu fühlen. Ein Fremder auf einem anderen Kontinent, nicht weil er mir das Stückchen Baguette nicht gab, sondern weil ich seine Mentalität nicht kannte und mich selbst in Verlegenheit brachte.

Ich ging zurück zu meinem Abteil, in dem kein Mensch war. Ich meine natürlich den mitreisenden Jim. Ich dachte mir, vielleicht ist er auch losgegangen, um sein Glück zu probieren.

Kurze Zeit später kam er rein in die Abteilung, ohne ein Wort zu sagen. Er fragte auch nicht, ob ich was zu essen hatte ergattern können und ich fragte ihn auch nicht, was mit ihm los sei.

Ich war gerade mit den Gedanken fertig und plözlich hörte ich Schreie und Schimpferei und es öffnete eine Person die Tür unseres Abteils und es war das Mädchen, das in dem benachbarten Abteil geschlafen hatte. Das Mädchen mit den blonden Haaren schrie und schimpfte auf English. Ich verstand jedes Wort. Sie sagte, diese Person, (dabei zeigte sie mit dem Finger auf Jim) sei in ihr Abteil gegangen und habe sie sexuell belästigt und ihre Brüste befummelt.

Das Mädchen dachte, dass keiner von uns English sprechen könne, und ist wieder gegangen. Da wusste ich, dass sein Benehmen nicht tolerierbar war, und nahm mir vor, sobald wir in Mailand ankommen würden, mich von ihm zu trennen.

Gesagt getan, als der Zug noch nicht den Bahnhof von Mailand erreichte, sagte ich ihm, „ok, machs gut".

Da fragte er, warum, und versuchte, eine Ausrede nach der anderen zu erfinden, und blieb mir dicht auf den Fersen.

Es war schon dunkel und ich dachte mir, irgendwann wird sich eine Gelegenheit ergeben und ich würde ihn verlieren.

Wir waren müde und brauchten Platz zum Schlafen, ich ging zum Informationsbüro und fragte nach einem Studentenwohnheim, natürlich auf English, denn Italienisch konnte ich noch nicht. Wir bekamen die Adresse und gingen los.

Die schöne Frau von Mailand

Wir nahmen den Bus, der uns zum Studentenwohnheim bringen sollte. Im Bus fragte ich eine Dame, ob uns dieser Bus wirklich dorthin fahren würde. Sie meinte, nein und dass das Studentenwohnheim geschlossen sei. Gleichzeitig aber lud sie mich ein, mit ihr zu ihrer Wohnung zu gehen und bei ihr zu übernachten, vorausgesetzt, ich könne mich von meinem Freund verabschieden. Ich hatte mit diesem sogenannten Freund ausgemacht, dass, wenn wir das Studentenwohnheim nicht finden würden, dann zurück zum Bahnhof gegen und die Nacht dort verbringen. Ich sah diese Gelegenheit, mit der Dame zu gehen, als eine gute Chance, diesen Freund loszuwerden, vor allem würde ich in einem Bett schlafen und nicht am Bahnhof. Trotzdem sagte ich zu der Dame, er könne kein Englisch und es sei schon dunkel und ob sie mich morgen früh vom Bahnhof abholen könne.

Wir gingen zum Bahnhof und schliefen dort und am frühen Morgen kam diese schöne Dame und hat mich abgeholt und damit, bin ich diese Plage von Freund losgeworden.

Ich war mit dieser italienischen schönen Dame eine Woche in ihrer Wohnung, die in einer guten Lage war, und sie behandelte mich wie ein König, sie war ca. zehn Jahre älter als ich, aber sie war sehr hübsch.

In dieser Wohnung der italienischen Dame fühlte ich mich wohl, im Vergleich zu dem Bahnhof, wo ich eine Nacht schlief.

Die Dame nahm mich überall hin mit, auch zur Schule, wo sie als Lehrerin arbeitete, aber auch zu ihrem Stammlokal, und das war ein schönes Restaurant, wo wir fast jeden Abend hin gingen. Obwohl das Leben mit ihr schön war und mir es an nichts fehlte, musste ich sie trotzdem verlassen, nachdem ich eines Tages am frühen Morgen nach einem unangenehmen Traum aufgestanden war.

Sehnsucht nach Afrika

Ich hatte irgendwie ein komisches Gefühl und Sehnsucht nach meiner Familie in Ägypten und ich meinte auch, dass das Leben hier mit dieser Dame nicht mein Ziel sei, aber auch diese Dame war nicht die eine, die ich in meinem Leben gern hätte.

Am nächsten Tag verabschiedete ich mich von der Dame und sie meinte, falls ich wieder zurück nach Miland käme, sei ich bei ihr herzlich willkommen. Danach fuhr sie mich zum Flughafen, da ich ja das Ticket für den Rückflug nach Kairo noch hatte. Also, ich hatte entschiedens Europa zu verlassen und nach Nordafrika zurückzukehren.

Als ich im Flughafen von Kairo ankam und meine Familie, die auf mich wartete, sah, freute ich mich sehr und gleich, sagte mir meine Mutter, dass sie mein Lieblingsgericht schon gekocht hatte und auf mich wartete. Drei Stunden zuvor war ich auf einem Kontinent gewesen, der Europa hiess, und jetzt war ich auf einem anderen Kontinent, der Afria hieß. Ob das gut gehen würde? Damals wusste ich es noch nicht.

Im Auto auf dem Weg vom Flughafen nach Hause habe ich automatisch angefangen, alles zu vergleichen, das Leben in Europa und das Leben in Afrika. Ohne einen großen Vergleich zu machen, konnte ich den Unterschied schnell feststellen. Und damit wurde mir schon klar, dass ich nicht mehr in Europa, sondern in Afrika war. Zum Beispiel ist die Hitze in Afrika schwer zu ertagen.

Daheim angekommen bereitete meine Mutter sofort mein Lieblingsgericht zu und das war so eine grüne Suppe, die Molochia hieß und ein bisschen schleimig war. Sogar hat mich später meine Tochter jedes Mal, nachdem ich im Urlaub in Ägypten war und zurück nach Deutschland kam, gefragt, „Papa, hast du schon wieder die schleimige grüne Suppe gegessen“, weil sie diese Suppe nicht mochte.

Ich habe mit meiner Familie eine Woche gelebt, und es war schön, bei der Familie zu sein, aber der Vergleich, den ich unbewusst zwischen Europa und Afrika zog, ließ mich nicht in Ruhe. Obwohl ich wenig Zeit in Mailand war, kam es mir aber vor, als ob ich ein Leben lang dort gewesen war, wahrscheinlich weil es mir dort gefiel und die englische Sprache mir half, zu Recht zu kommen.

Genau nach einer Woche musste ich wieder ein Flugticket Richtung Rom in Italien kaufen, also wieder den afrikanischen Kontinent verlassen und zum europäischen Kontinent fliegen.

Ja, ich war zerrissen zwischen zwei Kontinenten. ich kaufte das Ticket nach Rom und nicht nach Mailand, weil es von Rom nach Florenz eine gute Zugverbindung gab, und Florenz war ja die Stadt, wo ich hinwollte, aber auch einen Grund hatte ich, nicht nach Mailand zu fliegen, weil ich keine Zeit mehr mit der italienischen Dame, die ich in Mailand kannte, verlieren wollte.

Meine Familie konnte es nicht glauben, dass ich sie so schnell verlassen wollte. Am Abend fuhr mich ein Freund zum Flughafen, der am Rande von Kairo lag. Als ich im Flugzeug saß, fing wieder der Kopf von vielen Überlegungen an zu rauchen. Was mache ich, wenn ich in Rom ankomme, finde ich gleich das Studentenheim? Und nachdem ich es gefunden habe, werde ich einen Platz zum Schlafen finden oder soll ich direkt mit dem Zug nach Florenz fahren? Viele Fragen waren in meinem Kopf und natürlich waren die Antworten nicht da. Gott sei Dank kam die Stewardess mit dem Trolley (Transportkarren) mit dem Essen für die Fluggäste, sodass die vielen Gedanken für eine Weile pausieren konnten.

Nach ca. drei Stunden Flug kam ich in Rom an. Obwohl ich eine Weile in Rom bleiben und mir die Stadt anschauen wollte, entschied ich mich, mit dem Zug nach Florenz weiterzufahren, und natürlich ging ich noch im Flughafen zum Informationsbüro um nach dem Weg zum Bahnhof zu fragen. Der Bahnhof war nicht so weit vom Flughafen entfernt. Ich nahm den Zug, der in die Nacht fuhr, damit ich am nächsten Tag früh morgens in Florenz ankommen würde.

Im Zug versuchte ich zu schlafen, nachdem ich das übrige Essen vom Flugzeug gegessen hatte.

Nach mehreren Stunden kam der Zugbegleiter und informierte uns in der Abteilung, dass wir schon in Kürze Florenz erreichen würden, und nebenbei kontrollierte er die Tickets.

Ich muss sagen, dass mein Vater Recht hatte, als er mir sagte: „Atif! Wenn du im Ausland studieren möchtest, dann musst du gut Englisch sprechen können, sonst bist du dort verloren.“

Im Bahnhof von Florenz ging ich mal wieder ins Informationsbüro, um nach dem Studentenheim zu fragen.

Jack, mein Freund

Dort in diesem Büro traf ich die Person, die ich am Anfang erwähnt habe, mit dem Namen Jack, der aus Afrika war und an dessen Herkunftsland ich mich nicht mehr erinnere.

Er fragte auch nach dem Studentenheim.

Wir gingen zusammen und unterwegs erfuhr ich, dass er auch in Florenz studieren wollte und genau wie ich Wirtschaft, und weil das Fach in Englisch unterrichtet wird, hieß es Ausländische Wirtschaft.

Jack sprach auch Englisch und wir unterhielten uns in Englisch. Im Studentenheim registrierte man uns und gab uns Tickets für die Mensa. wo die Studenten sehr billig essen konnten, gleich mit.

Sofort gingen wir in die Mensa, da wir beide Hunger hatten, und Informationen über das Institut (College) brauchten wir auch noch. In der Mensa waren viele Leute, aber auch nicht nur Studenten, es reichte, ein Essticket zu haben, um das billige Essen zu bekommen. Wir aßen und Informationen über unser College bekamen wir auch.

Nach zwei Tagen im Studentenheim schlug ich Jack vor, dass wir besser ein privates Zimmer mieten und uns die Miete teilen, damit wir besser lernen können, sofort war er mit meinem Vorschlag einverstanden und wir gingen los, um nach einem Zimmer zu suchen. Während wir liefen und nach links und rechts schauten, in der Hoffnung, irgendeinen Hinweis auf ein freies Zimmer zu finden, sahen wir etwas.

Tatsächlich, es hatte gar nicht solange gedauert. Weiter vorne sahen wir ein Schild, dass über freie Zimmer für Studenten informierte.

Wir gingen hin und mieteten das Zimmer, und unsere Sachen, die nicht zu viel waren, holten wir vom Studentenhim auch noch.

Unser Studium sollte auf Englisch sein, aber wir mussten ja auch Italienisch lernen damit wir in Italien zu Recht kommen konnten. Es waren noch zwei Wochen bis zu unserem Studium-Beginn. Schließlich hatten wir uns in diesem College schon lange, bevor wir schon nach Florenz kamen, registrieren lassen, und das durch die Botschaften im Ausland.

Also hatten wir zwei Wochen Zeit und ich dachte mir, ich könnte ja einen kurzen Besuch machen, indem ich meine schöne Dame in Mailand überrasche. Als ich das meinem Freund Jack erzählte, war er von der Idee nicht so begeistert und sagte mir, in Florenz gäbe es auch Frauen. Ich war mir ja nicht so sicher, ob ich wirklich nach Mailand zur der Dame fahren wollte, das war ja nur eine Überlegung, sie zu besuchen. Also blieb ich in

Florenz und schlug ihm vor, dass wir sofort anfangen sollten, Italienisch zu lernen.

Wir fanden in der Nähe eine italienische Schule, die auch für Studenten nicht so teuer war. Ich merkte, dass das Leben für Studenten in Italien wie ein Paradies war. Nicht, dass ich das Paradies sah oder besuchte, nein, aber das ist immer so gewesen, dass, wenn man im Leben einige Erleichterungen erfuhr, es sich sofort wie das Paradies anfühlte.

Eigentlich hatten wir alles so billig bekommen, dass wir es uns doch leisten konnten, aber nur eine Sache bereitete uns Kopfzerbrechen, und zwar: Würde das College uns eine Arbeit anbieten oder vermitteln, wie uns mal gesagt worden war? Schliesslich würde das Geld, was wir hatten, nicht ewig reichen, und wir waren nicht so sicher, ob wir Geld aus unseren Heimatländer, bzw. von unseren Familien bekommen würden.

Die italienische Sprache zu lernen, gefiel mir sehr gut und ich lernte sie ganz schnell.

In dieser Zeit hatten wir nicht viel zu tun, wir mussten noch zwei Wochen bis zum Studienbeginn warten, Arbeit hatten wir nicht und wahrscheinlich bald auch kein Geld mehr.

In dieser Zeit fing Jack Geschichten von seinem Leben zu erzählen und natürlich ich ihm. Wir wohnten sehr nah am Zentrum von Florenz und im Zentrum gab es die Piazza del duomo (Platz der Kathedrale), wo viele Menschen hin gingen, um sich zu erholen, aber auch um sich zu amüsieren. Schließlich kamen dort viele Menschen von überall her, vorallem viele schöne Mädchen, die nach Florenz kamen, um zu studieren oder um die italienische Sprache zu lernen wie Maria aus Österreich, die später meine Freundin geworden war. Oder es kamen auch Schüler und Schülerinnen z.B. aus Deutschland, um nur die schöne Stadt anzuschauen wie Ursula, die später meine Frau wurde.

Wir, Jack und ich, gingen fast jeden Tag vor dem Italienischkurs in die London-Bar, um unseren Cappuccino zu trinken. Wie ich schon mal ewähnte, bedeutet in Italien Bar Café und dort aßen wir auch ein Croissant, das super frisch war, und zwischendurch spielten wir ein paar Flipperspiele, das war wirklich sehr amüsant. Ein italienischer Cappuccino, dazu ein frisches Croissant und ab und zu gab es eine nette Unterhaltung mit schönen Mädchen aus dem Ausland, was will man noch mehr?

In diese London-Bar kamen nur Ausländer von überall her, aber keine Einheimischen, also keine Italiener, und ich glaube, dass sie nicht rein kamen wegen des Namens London-Bar. Sie dachten, dass diese Bar nicht italienisch sei und man dort keine Ahnung vom italienischen Kaffee haben konnte.

Die Italiener legen großen Wert auf einen guten Espresso.

Nach dem Besuch in der London-Bar gingen wir zur Schule, um italienisch zu lernen, um uns mit den Italienern unterhalten zu können.

Jack erzählte mir von seiner Heimat, die ich leider nicht mehr weiß, aber auf jedem Fall kenn ich noch den Inhalt seiner Geschichten, weil ich gut zuhören kann, und seine Geschichten waren erschreckend.

Jack und die Diktatur

Er sagte, dass in seiner Heimat eine totale Diktatur herrschte und erwähnte einen Fall, der wohl kaum zu glauben ist, aber wahr war.

Sehr verehrter Leser, das Wort wahr schrieb ich, nicht weil ich mit ihm zusammen war, sondern weil ich ihm glaubte und logischerweiser hätte er nichts davon gehabt, wenn er mir ein schlechtes Bild über seine Heimat vermittelt hätte.

Zurück zu dem Fall … Was er mir erzählte, war, dass an einem Montag er auf den Markt ging, um für seine Mutter Essen zu kaufen, weil auf dem Markt, der nur ein Mal wöchentlich aufgestellt wurde, die Ware frisch war. Dort hat er gesehen und gehört, dass zwei Männer miteinander redeten, und einer sagte zu dem andern: „Gestern sind schon wieder Menschen getötet worden, nur weil sie ihre Meinung gegen unseren Diktator sagten."

Der Mann war gerade mit seinem Satz fertig und prompt kam die Geheimpolizei, und das waren Männer in Zivilkleidung, die überall waren, und haben die zwei Manner verhaftet. Dann sagte einer der beiden Männer: „Und warum wurde ich verhaftet, ich habe doch gar nichts gesagt."

Dann sagten ihm die Männer: „Sicher hast du nichts gesagt, das wissen wir, aber du hast zugehört."

„Das heißt in deinem Land“, fragte ich Jack, „man darf nichts sagen und nichts hören?“

Darauf antwortete er mir gleich: „Und am besten auch nichts sehen.“

Wir saßen gerade beim Essen in der Mensa, die auch in den Semesterferien für die Studenten offen war und plötzlich hörte Jack mit dem Essen auf und ich sah Tränen in seinen Augen. Als ich ihn fragte, was los sei, sagte er mir, dass er einen Bruder verloren hatte, und als ich ihn fragte, wie er ihn verloren habe, war er viellicht karank oder hatte einen Unfall, da sagte er, die Geheimpolizei, ja, die Männer die Zivilsachen tragen, haben ihn getötet.

„Jack, Jack“, rief ich und fragte ihn nach dem Grund, warum sein Bruder sterben musste.

Der Verlust von Jacks Bruder

Da erzählte er mir noch so einen unglaublichen Fall der aber wahr war, schliesslich waren die dicken Tränen in seinen Augen Beweis genug. Als er sich ein bisschen beruhigt hatte, sagte ich ihm: „Falls du über den Tod deines Bruders nicht reden willst, dann lass es sein.“

Und da sagte er: „Nein, ich möchte es dir schon erzählen.“ Und nach einem langen Atemzug sagte er: „So eine Gelegenheit werde ich nie wieder bekommen.“ Und da fragte er mich: „Atif, du weißt schon, was ich meine.“

„Natürlich“, antwortete ich ihm und sagte ihm: „Aber wir sind hier in Italien und hier darf man schon was sagen und braucht nicht seine Augen und Ohren zuzumachen.“

„Gott sei Dank”, sagten wir zusammen in einem Atemzug. Und da erzählte er, dass einmal an einem Sonntagnachmittag sein Bruder losging, um sich mit seinen Freunden zu treffen und während er mit den Freunden auf der Straße ging, sahen sie das Bild des Diktators, der das Land mit eiserner Hand regierte. Da spuckte sein Bruder auf das Bild von diesem Diktator. Nicht mal zehn Sekunden waren vergangen und plötzlich kippte sein Bruder um, und als seine Freunde um sich schauten, sahen sie die Männer in Zivilsachen auf dem Dach eines Hauses mit einem Zielgewehr, das auf sie gerichtet war. Das hieß, wer auf das Bild des Diktators spuckt, muss mit dem Leben bezahlen. Mein Studien-Kamerad Jack sprach kein Arabisch und wir uterhielten uns in Englisch, aber ab und zu sprach er vor sich hin in seiner eigenen Sprache, die ich nicht mehr weiß, welche es gewesen war. Als er mit der Erzählung vom Tod seines Bruders fertig war, fing er wieder an zu weinen.

Ich versuchte ihn zu beruhigen und sagte ihm, „heute machen wir einen extra-Besuch in der Londen-Bar und dein Cappuccino geht auf meine Rechnung."

Er lächelte und sagte: „Gut, wenn es so ist, dann gehen wir gleich, bevor ich dir noch einen unglaublichen Fall erzähle und wir die gute Musik in der London-Bar verpassen."

Die Bar schloss um sieben Uhr Abend, weil nach dieser Zeit keine Leute mehr kamen, die waren ja alle Studenten und Studenten müssten auch am Abend ein bisschen lernen.

Während wir Richtung London-Bar liefen, dachte ich über die Geschichte seines Bruders nach und überlegte, wie kann ein Mensch so grausam sein und auf einen anderen Mensch mit einem Gewehr schießen und ihn töten?

Ich las mal in einer Zeitung, aber sah auch eine Reportage über diese Leute, die in Zivilsachen arbeiten, sie seien bereit, alles Mögliche zu tun, einschließlich dem Töten von Menschen. Und der

Grund dafür war, dass sie viel Geld von dem Diktator, der das Land mit eiserner Faust regierte, bekamen und das natürlich, um diese Arbeit ohne wenn und aber zu machen. Und jetzt, während ich dieses Buch schreibe und diesen Fall von Jacks Bruder zu Papier bringe, weiß ich, dass meine Leser sehr klug sind, aber trotzdem möchte ich meine Leser an den Anfang des Buches erinnern, wo ich von Gefühlen und Menschen, die gefühllos sind, sprach. Damit möchte ich nur sagen, dass, wenn der Mensch seine Ehre für sein eigenes Interesse, und das könnte auch Geld sein, verkauft und den Charakter verliert und seine Sinne ignoriert, was bleibt dem Menschen dann, außer ein gefühlloser Körper und ein gehirnloser Kopf, aber natürlich bleibt ihm auch seine zerrissene und verdorbene Seele.

Also, diese Leute, die Zivilsachen trugen, waren so grausam, dass sie von nichts zurückschreckten, und ihr Ziel war, so viel Geld wie möglich zu bekommen. Und dadurch, dass sie von ihrem Diktator die Lizenz zum Töten bekamen, konnten sie ihre Minderwertigkeitskomplexe verherrlichen. Also, hier sehen und finden wir, dass der Übeltäter das Wort „Ziel“ ist. Der Kämpfer oder egal, welcher Spieler, hat auch ein Ziel und das ist gewinnen. Hier aber werden beide Kämpfer von einem Schiedsrichter beobachtet und kontrolliert, sodass keiner von den beiden Kämpfern irgendeinen unerlaubten Schlag macht, also hat jeder Kämpfer die gleichen Chancen zu gewinnen um sein Ziel erreichen zu können. Und damit ist es legal, das Ziel hier zu erreichen.

Lieber Leser, ich möchte Ihre Geduld wirklich nicht strapazieren oder Sie langweilen, aber wir möchten uns zusammen an meinen Fall mit meiner geliebten Frau erinnern, als sie auch ihr Ziel unbedingt erreichen wollte. Ihr Ziel war, wie ich schon erwähnte, mich leiden zu sehen und auf meinen schwachen Punkt, den sie gut kennte und von dem ich schon am Anfang meines Buches erzählte, so fest wie möglich zu drücken, bis mir die luft ausging. Meinen schwachen Punkt hat sie als Waffe benutzt und daran sehr fleißig gearbeitet. Und hier, mein sehr verehrter Leser, nachdem ich, von den drei Fällen (dem auf dem Markt, dem von Jacks Bruder und dem Fall mit meiner Frau) erzählte, möchte ich es Ihnen überlassen, ob es irgendeinen Unterschied zwischen den drei Fällen gibt und zu welcher Grausamkeitskategorie Sie, meinen Fall zuordnen würden. Ich wünschte, ich hätte einen fairen Kampf gehabt, das wäre ja schon nach so einer großen Liebesgeschichte zu erwarten gewesen.

Damit will ich nicht sagen, dass meine Frau unfair gekämpft hätte, sondern sie war ja gezwungen, es so zu machen. Ich bin nämlich sicher, dass sie mich sehr liebt und lebt mit der Hoffnung, dass wir wieder zueinander finden. Der Beweis dafür war, dass sie sich nicht scheiden lassen wollte, auch jetzt nach ca. zwanzig Jahren Trennung nicht, weil sie die Sache nicht als beendet sieht. Sie will, das wir in Kontakt bleiben, aber hat keine Rückkehrversuche gestartet, weil ihr die Hände gebunden sind.

Ich muss zugeben, dass ich sie auch liebe und als ich von ihrer Krankheit erfuhr, bot ich ihr jede Hilfe an, auch wenn das meine eigene Gesundheit beeinträchtigt.

Lieber Leser, über den Grund, warum ihre Hände gerade gebunden sind, kann ich jetzt nicht schreiben, aber vielleicht in meinem nächsten Buch, ich hoffe, wir bleiben noch lange zusammen. Eins kann ich Ihnen jetzt schon verraten und zwar, dass noch andere Bücher von mir erscheinen werden.

Jetzt kehren wir aber zur London-Bar zurück, wo Jack und ich saßen und den Cappuccino tranken, höffentlich war der Cappuccino noch warm.

Sehr verehrter Leser, Sie haben wohl gemerkt, dass ich manchmal von einem Fall zu einem anderen Fall oder von einem Ereignis zu einem anderen und das auch noch in verschiedenen Zeiträumen, mal in der Vergangenheit und mal in der Gegenwart, springe. Diese Holprigkeit in meinen Texten war und ist nicht geplant gewesen, aber wie meine lieben Leser, die mein Buch DIE

ENTTÄUSCHUNG lasen, schon wissen, beruhen meine Bücher auf wahren Begebenheiten und Wahrheiten beinhalten auch Gefühle und die Gefühle kennen keine Zeitordnug, sie kommen zum Schein, wann sie zum Schein gebracht werden sollten. Oder vielleicht möchte ich Sie in die Irre führen, hin und her, damit Sie mein Buch immer wieder lesen und an diesen komischen Autor immer denken.

Nachdem Jack und ich unseren Cappuccino tranken und nach Hause gehen wollten, kam ein Student, den wir mal in der Mensa beim Essen getroffen und mit dem wir uns ein bisschen unterhalten hatten, in die Bar rein. Und er meinte, wir könnten ihn in die Diskothek begleiten. Schließlich kannte er den Türsteher und wir brauchten die Eintrittskarte nicht zu bezahlen. Egentlich wollte ich nicht gehen, weil ich irgendwie ein komisches Gefühl hatte und das würde sich später bewahrheiten.

Jack meinte: „Lass uns doch mit ihm gehen und uns ein bisschen amüsieren."

Obwohl ich nicht mitgehen wollte, weil ich das schlechte Gefühl hatte, versuchte ich mich selbst zu überreden und meinte, dass das nur ein Gefühl sei und was kann schon passieren, aber auch weil Jack so gern gehen wollte und nach so einem Tag, wo Jack viel geweint hatte, wollte ich ihm seinen Wunsch nicht abschlagen und ging auch mit.

Dieser dritte Student, mit dem wir in die Diskothek gingen, hatte ein Auto, einen Alfa Romeo, und er war sogar ganz neu und das hat mich ein bisschen beunruhigt. Später erfuhren wir, dass er das Auto von seinem Vater bekommen hatte, und das wusste ich wieder, dass dieser dritte Student aus den Golfstaaten und sein Vater reich gewesen war.

Als wir die Diskothek erreichten, stand ein Türsteher, der so groß wie ein Schrank war, vor der Tür, und sobald er unseren Freund sah, winkte er ihm zu und ließ uns alle durch. Ich glaube, dass der Türsteher von dem Araber viel Trinkgeld bekam.

Kurz danach in der Diskothek, hörten wir einen Krach, der sich nach einem Schuss anhörte. Wir meinten aber, dass dieser Schuss zu dem Sound der Musik gehörte und dachten nicht weiter daran. Nach ca. fünf Minuten sahen wir einen Verletzten, der mit Blut verschmiert war und auf einer Trage nach draußen getragen wurde.

Gleich danach kam auch die Polizei und fragte, ob wir was gesehen oder gehört hatten. Wir verneinten die Frage und ein Polizist sagte uns, wir sollten uns gut überlegen, ob wir was gesehen haben, weil das ein Mord sei, und wenn wir was gesehen hätten und es verbergen würden, machten wir uns strafbar.

Natürlich wurde die Musik abgeschaltet und die Leute waren total erschrocken. Wir durften die Diskothek nicht verlassen und obwohl,der Polizist am Anfang „dürfte ich Sie einen Augenblick um Ihre Aufmerksamkeit bitten“ sagte, saßen wir für mindestens vier Stunden da, bis alle Besucher gefragt und die personenbezogenen Daten registeriert worden waren.

Als wir gehen durften und draussen waren, sagte mir Jack: „Dein Gefühl hat sich doch bewahrheitet.“

Es war sehr spät und wir waren zu müde zum Laufen, also bot unser arabischer Freund uns an, uns als Wiedergutmachung für die missglückte Diskotheken-Aktion nach Hause zu fahren. Und als ob die Aktion und die Warterei, die wir in der Diskothek erlebt hatten, nicht reichte, stoppte uns auf dem Weg nach Hause mal wieder die Polizei. Carabinieri hieß die Polizeitruppe, die uns anhielt. Es war ziemlich zu spät und wir waren drei Männer in einem neuen teuren Auto, aber vor allem gab es kurz davor in der Diskothek einen Mord und der Täter war noch nicht gefasst. Kurze Zusammenfassung: Wir kamen den Carabinieri sehr verdächtig vor und sie kontrollierten uns sehr gründlich, aber dieses Mal mit erhobenen Händen und die Waffen waren auf unsere Schläfen gerichtet.

Kurz bevor wir das Auto verlassen mussten, um uns kontrollieren zu lassen, haben wir uns gegenseitig an den Fall, der uns drei Tage vorher in der Mensa erzählt worden war, erinnert, dass ein Metzger bei einer nächtlichen Kontrolle von den Carabinieri erschossen worden war, weil er seine Hände in seine Tasche stecken wollte, um seinen Ausweis rauszuholen. Und da hat einer von den Carabinieri die Nerven verloren und erschoss den Metzger. Warscheinlich dachte der Polizist, dass der Metzger eine Waffe aus der Tasche holen wollte und dabei wollte der Polizist schneller sein. Also haben wir ausgemacht, dass wir bei der Kontrolle keinen Mucks von uns geben sollten.

Daheim hat Jack sich bei mir entschuldigt und gab sich die Schuld, weil er mich überredet hatte, mitzugehen, obwohl ich ein schlechtes Gefühl hatte.

Am nächsten Tag in der London-Bar wollte mir Jack eine weitere Geschichte von seiner Heimat erzählen und genau über diesen Diktator, der das Land mit eiserner Faust regierte. Ich sagte ihm, „hoffentlich aber keine Geschichte, die uns schon wieder zu Tränen rührt“.

Da meinte er, in seinem Land ging es nicht nur um seinen Bruder, sondern um jeden, der zu Unrecht getötet worden war. Und noch dazu, sagte er, dass die Menschen in seinem Land, wie lästige Fliegen getötet werden und solange dieser Diktator an der Macht bleibt, würden noch viele Menschen getötet werden. Und er fing gleich an, die Geschichte zu erzählen.

Lieber Leser, ich kann Ihnen schon im Voraus sagen, dass diese Gesichte noch schlimmer und unglaublicher ist als die Geschichte seines Bruders. Ich hoffe Sie haben starke Nerven.

Es geht wieder ums Töten und Vernichten von Menschen.

Entführung und Mord

Hier geht es um seine Nachbarin in seiner Heimat.

Seine Nachbarin war eine ältere Dame, die ihren Mann verloren hatte und das durch eine Kugel, die in die linke Seite seines Kopfes und durch das Gehirn durch gefeuert wurde und wieder aus der rechten Seite raus ging. Innerhalb einer kurzen Sekunde war ihr Mann auf der Straße niedergestreckt worden.

Die Kugel, die ihr Man abbekam, war aus einem Gewehr von einem Hausdach aus abgefeuert worden. Scheinbar war er gegen das System gewesen.

Als diese Nachbarin ihren Mann so verlor, bekam sie einen Schlaganfall und seitdem könnte sie nicht mehr laufen und saß im Rollstuhl. Sie hatte Glück im Unglück, weil sie eine Tochter und zwei Söhne hatte, die ihr helfen konnten. Eines Tages, etwa zwei Monate später, kamen die beiden Söhne nicht nach Hause und das war ziemlich das erste Mal, dass sie nicht nach Hause kamen. Tagelang kamen die Söhne nicht nach Hause und riefen auch nicht an. Die Mutter und die Tochter telefonierten und suchten überall nach den verlorenen Söhnen.

Tage, Wochen, aber auch mehrere Monate waren vergangen und es gab immer noch keine Informationen über die Söhne. Der Mutter ging es sehr schlecht, aber sie wollte die Hoffnung, ihre Söhne wiederzusehen, nicht aufgeben. Die Schwester ging ein paar Mal zur Polizei, um irgendeine Information zu bekommen, aber die Suche nach den Söhnen bei der Polizei war ergebinslos und das letzte Mal, als sie bei der Polizei war, sagten sie ihr, „wir wissen nichts über deine Brüder und falls du wieder herkommst, dann bleibst du bei uns“.

Der Mutter ging es immer schlechter, bis sie sogar die Sprache fast verlor und anfing zu stottern. Und die Schwester konnte gar nichts machen, außer ihre Mutter und sich selbst zu trösten.

Nach einem Jahr und zwei Monaten seit dem Verlust der Söhne und während die Mutter und ihre Tochter wie jeden Abend Fernsehen schauten, kam in den üblichen täglichen Nachrichten die Meldung: „Die Polizei unseres Landes konnte wie jeden Tag mal wieder zwei Kriminelle verfolgen, jagen und töten.“

Und während der Durchsage zeigte man Bilder von zwei toten Männern, die auf dem Boden einer Straßen lagen und daneben lagen auch zwei Gewehre. Die zwei toten Männer waren die zwei Söhne der alten Dame und dann endete die Durchsage.

Jack war noch nicht mit seiner Geschichte fertig, aber ich unterbarch ihn, weil ich ihn ja was über die Gewehre, die neben den zwei Brüdern auf der Straße lagen, fragen wollte. Ich fing nicht mal mit dem ersten Wort der Frage an und da unterbrach er mich und sagte: „Nein, Nein Atif, die Gewehre hatten den zwei Brüdern nicht gehört und sie waren gute Nachbarn und hatten nie Waffen gehabt. Schließlich war der ältere Sohn Zahnarzt und der jüngere studierte noch Medizin. Die waren keine Kriminellen und die Gewehre waren von der Polizei dorthin gelegt worden, um ihre feige Tat zu vertuschen.

Ich bat Jack, die Geschichte weiterzuerzählen, und entschuldigte mich bei ihm, weil ich ihn unterbrochen hatte.

Er erzählte die Gescheichte weiter und um erlich zu sein, ich bereute, dass ich ihn darum bat, denn für das, was jetzt kommen wird, braucht man wirklich starke Nerven.

Also, fassen wir zusammen, die Mutter verlor ihren Mann durch eine Kugel, und das ohne Grund, und dabei bekam sie einen Schlaganfall und saß im Rollstuhl. Kurz danach verlor sie ihre beiden Söhne und dabei verlor sie die Sprache.

Jack erzählte weiter, dass, als die Mutter und ihre Tochter die beiden Söhne und Brüder tot im fernsehen sahen, sie Antworten auf die „drei W" wissen wollten, und die Tochter ging zur Polizei los und fragte:

<u>Warum</u> sind die zwei Brüder erschossen worden?

Was haben sie getan?

Wo waren sie vierzehn Monate versteckt?

Und statt, dass die Tochter Antworten bekommen sollte, bekam sie Handschellen und ist auch versteckt worden, warscheinlich, damit die Polizisten sich mit ihr amüsierten.

Kurz danach erfuhr die Mutter, was mit ihrer Tochter passiert war, und kippte sofort vom Rollstuhl und war tot.

Das war eine von vielen Geschichten, die in seinem Land, aber auch in vielen anderen Länder, passiert sind. Ich bin sicher, dass ein Diktator vom Volk gemacht wird. Ein grosser Teil eines Volkes, der nur an seine eigene Interessen denkt und in einem Diktator die Chance sieht, weiter zu kommen oder sogar reich zu werden, unterstützet diesen Diktator, damit er an der Macht bleiben kann.

Es gibt aber auch einen großen Teil von Menschen, die kurzsichtig sind und total von dem Mundwerk des Diktators und von seiner äußeren Erscheinung beeinflusst werden. Das war ja auch bei Mussolini und Hitler so, aber auch bei vielen anderen Diktatoren auf dieser Welt ist es nicht anders gewesen.

Obwohl es in Italien, wo ich lebte und studierte, einen Diktator gab, der Mussolini hieß, und mit Hitler, um die Welt kaputt zu machen, befreundet gewesen war, und das ist sogar nicht lange her, haben die Geschichten vom Jack meine Liebe zu

Europa verstärkt, weil hier in Westeuropa Demokratie herrscht und die Menschen frei sprechen könnten und ihre Meinung offen sagen dürften.

Und ich bin der Meinung, dass die Menschen, die in den Ländern, wo Diktatoren herrschten, einen Denkzettel bekamen. Und damit werden sie in Westeuropa nie wieder einen Diktator unterstützen, weil sie aus der Vergangenheit gelernt haben.

Gott sei Dank haben die Politiker und natürlich die Völker mit der Zeit eingesehen, dass nur mit Demokratie die Länder Fortschritte machen können, und nahmen sich vor, dass sie nie wieder einen aufstrebenden Diktator an die Macht kommen lassen.

In Europa, genauer gesagt in Italien, fand ich das Leben, von dem ich schon immer träumte. Irgendwie hatte ich das Gefühl, dass die Menschen in Italien mich mochten und mehrmals fragten sie mich, ob ich aus Sizilien komme. Sicilia liegt im Süden Italiens und Palermo ist die Hauptstadt. Für mich war ganz klar, dass ich in Italien leben möchte oder in Amerika. In Italien hatte ich Leute aus Deutschland kennengelernt, und sie hatten mich nach Deutschland eingeladen, um sie zu besuchen und das Land anschauen.

Aus der Geschichte, die ich über Hitler-Deutschland und die Nazis lernte, war, die zwei Länder Österreich und Deutschland, zu besuchen, ein Tabuthema. Und als ob mein Schicksal schon in der Schublade fertig und geplant war, war meine erste Freundin Maria aus Österrich und die zweite Freundin, die auch später meine Frau geworden war, aus Deutschland. Man sollte es doch nicht mit dem Schicksal aufnehmen.

Also, ich habe mich in Florenz sehr wohl gefühlt und jeden Tag in Italien wirklich genossen.

Ich hatte nie Sorgen oder Probleme. Sogar die Polizei in Florenz, nachdem sie durch Zufall erfahren hatten, dass ich Karatekämpfer bin, wollte unbedingt, dass ich die Polizisten trainiere.

Also, das Gefühl, ein Fremder zu sein, war für mich total fremd. Alles fing in Deutschland an, da habe ich das Gefühl, ein Fremder zu sein, kennengelernt.

Während meines Studiums in Italien hatte ich wichtge Papiere für das College gebraucht und die konnte ich nur aus Kairo in Ägypten bekommen. Also musste ich mal wieder den europäischen Kontinent verlassen, wenn auch nur für kurze Zeit, und auf den afrikanischen Kontinent fliegen. Ich hatte zwei Wochen Ferien und hoffte, dass diese Zeit reichen würde, um die Papiere fertig zu kriegen.

In Ägypten an gekommen, wieder das gleiche, Mutter und Bruder waren da und selbstverständlich war mein Lieblingsgericht auch da. Natürlich war es ein anders Leben aber in Ägypten war ich doch geboren.

Nach einer Woche waren schon die Papiere fertig, ich wollte aber schnell zurück nach Europa. Der Flug nach Italien war nicht direkt, man musste in Jugoslawien umsteigen, aber nicht am gleichen Tage, wenn man das so wollte. Es gab ja jeden Tag einen Flieger von Belgrad nach Italien. Also musste ich mal wieder Afrika verlassen und mit dem Flieger nach Europa.

Ich blieb ein paar Tage in Jugoslawien und sah, dass die Leute genau so freundlich waren wie in Italien, aber irgendwie nicht so offen wie die Italiener, aber sobald ich jemanden nach irgend einer Adresse fragte, waren sie sehr freundlich and gaben mir die Informationen, die ich brauchte.

Nach zwei Tagen nahm ich den Zug richtung Italien, weil ich mir die Landwirtschaft zwischen Belgrad und Florenz anschauen wollte, und die war wirklich traumhaft.

Als ich dann Italien verlassen hatte und nach Amerika flog, bekam ich das Gefühl der Sehnsucht nach dem Leben in Italien, aber auf dem amerikanischen Kontinent war ich nicht sehr lang und kehrte mit meiner großen Liebe, die später meine Frau geworden ist, nach Europa zurück.

Mein Leben in Deutschland

Meine deutsche Frau und ich hatten entschieden, in Deutschland zu leben und natürlich eine Familie gründen, und das war ihr Wunsch. Natürlich wollte sie in Deutschland leben wegen ihrer Familie, Verwandschaft, Muttersprache. Einfach alles war für sie besser und angenehmer als in Amerika, wo ich leben wollte.

Für mich war es eigentlich egal, wo ich leben würde, für mich war am wichtigsten, dass ich meine Frau glücklich machte, außerdem meinte ich, es solle reichen, wenn nur einer von uns von der Heimat weit entfernt ist.

Ich stimmte ihr zu und wir lebten in Deutschland, und zwar nur eine Straße von ihrer Mutter entfernt, was sie noch glücklicher machte. Was will man mehr, sie hatte ihre Liebe, aber auch ihre Mutter, von der sie sich nie abnabeln konnte, und das war mir schon recht, dass sie doppelt glücklich war.

Am Anfang des Buches schrieb ich über Gefühle und ob sie Vorteile oder Nachteile schaffen können. Und Sie, sehr verehrter Leser, werden gleich wissen, falls Sie noch Zeit haben und mein Buch weiter lesen, dass die vielen Gefühle, die ich zu meiner Frau hatte, meine Entscheidung umgestimmt haben, und statt in Amerika zu leben, lebte ich mit ihr in Deutschland und auch noch sehr nah bei ihrer Mutter, die fleißig mein oder besser gesagt unser Leben kaputt machte. Und als ich meine Frau fragte, „wenn du in Deutschland leben wolltest und auch noch sehr nah bei deiner Mutter, warum bist du dann aus Deutschland und von deiner Mutter und sogar deiner ganzen Familien geflohen und hast die Schule geschmissen und bist zu mir nach Amerika gekomment?“, da antwortete sie: „Ich bin doch nur zu dir nach Amerika gekommen, um dich abzuholen.“

Und ich dachte, sie wäre ehrlich. Also, die Gefühle hatten mir nichts als Nachteile gebracht. Selbstverständlich wollte ich, dass meine Frau glücklich ist, aber dieser Preis, dass unser Leben kaputtgemacht wurde, war mir zu hoch und nicht vorgesehen.

Und obwohl ich in meinem letzten Buch DIE ENTTÄUSCHUNG hinreichend über meine Schwiegermutter schrieb, muss ich sie wieder erwähnen, weil die Ereignisse, die durch sie passierten, endlos waren.

Schließlich war sie der Hauptteil unseres Lebens. Obwohl das von mir ungewollt war, hatte ich eigentlich dagegen nicht viel machen können.

Tatsächlich hatte sich das Sprichwort „Liebe macht blind“ schon bewahrheitet, und wenn das Sprichwort noch nicht erfunden worden wäre, dann wäre meine Lebensgeschichte der ideale

Grund dafür, um ein solches Sprichwort zu kreieren.

Eigentlich bereute ich es nicht, dass ich hier in Deutschland lebte und eine Familie gründete, nein, nein, ich bereute gar nichts, es war nur so: Ich wünschte es mir, dass meine Schwiegermutter sich zurück gehalten hätte und meine Frau die Klugheit besäße, um sich rechtzeitig von ihrer Mutter abnabeln zu können.

So wäre unsere Familie noch erhalten geblieben.

Ein Fremder zu sein

Ich möchte nicht sagen, dass das Gefühl, ein fremder zu sein, jeder Ausländer, der in Deutschland lebte oder noch lebt, bekommen müsste.

Hier an dieser Stelle, möchte ich noch ein Mal das Sprichwort „andere länder, andere Sitten" verwenden. Eigentlich gibt es zu viele Ausländer in Deutschland, die sich ein Ziel gesetzt haben, dieses Land irgendwann, wieder zu verlassen, und das könnte zum Beispiel Arbeiten und Geld verdienen sein oder das Beenden eines Studiums, aber mit Sicherheit, sind diese Menschen nicht nach Deutschland gekommen, um sich hierschlecht behandeln zu lassen und beleidigt zu werden. Was ich damit sagen möchte, ist, dass es manche gäbe, die ihre Gefühle unterdrücken und weitermachen, und andere, die auch ihre Gefühle unterdrücken, aber gleichzeitig versuchen, diese Gefühle auszudrücken.

Ich versuchte immer wieder diese Gefühle auszudrücken, in dem ich Leute, die mir nahestehen, suchte, zum Beispiel meine Frau, damit ich mich mit ihr unterhalten konnte. Leider aber lebte meine Frau mit mir nur physisch zusammen, aber geistig war sie mit Sicherheit ganz woanders.

Ehe zu dritt und die seelische Belastung

Sicher möchten Sie, verehrte Leser, wissen, wo oder bei wem war ihre Aufmerksamkeit in Wahrheit? Lieber Leser, sobald Sie die nächsten Zeilen lesen, werden Sie sofort die Antwort erkennen.

Sie saß jeden Abend neben der Heizung, mit zwei großen Stricknadeln, die wie zwei Samuraischwerter aussahen – zwei Samuraischwerter, die gegeneinander kämpften, ohne was zu ahnen, zwei Samuraischwerter, die miteinander rangen, ohne irgendwas zu sagen, zwei Samuraischwerter, die sich eilten, um den ersten Wollfaden zu schnappen und hoch tragen. Und das Opfer war nicht die Wolle oder der Wollfaden, das Opfer waren meine Ohren. Jeden Abend vor dem Fernsehen und neben der Heizung ging es mit dem Stricken los, und als ich sie mal fragte, „was machst du und für wen?", war die Antwort: „eine Jacke für meine Mutter."

Als die Jacke nach Monaten fertig war, gab es eine Woche lang Ruhe und danach holte sie die Samuraischwerter wieder raus und das Stricken ging wieder los und als ich sie wieder mal fragte, „was machst du und für wen?", dann antwortete sie: „eine Jacke für meine Mutter, weil die erste Jacke ihr gut gefallen hat."

Ich glaube diese Situation ist für Jahre so weitergegangen. Ich glaube die Frage, wo oder bei wem die Aufmerksamkeit meiner Frau war, ist gut beantwortet. Ich will ja nicht meine Frau oder Schwiegermutter schlecht machen, nein, nein, meine Frau wäre ohne den Einfluss ihrer Mutter ok und wunderbar gewesen, aber leider sah sie in ihrer Mutter ein Idol, dem sie nacheiferte. Das war aber nicht der einzige Grund, warum ich meine Frau verließ.

Ausserdem suchte ich nach Gerechtigkeit, schließlich machte mich die Schwiegermutter überall schlecht und zwar auf unfaire Weise und das konnte ich schon merken. Sie machte mich schlecht weil ich meine Meinung immer offen sagte. Geschichten müssen erzählt werden und mein Leben ist eine wahre Geschichte. Eine wahre Geschichte, die mit Schmerzen, Leid und Sehnsucht nach meinen Kindern verbunden ist. Ich suchte immer wieder nach Gesprächspartnern, denen ich meine wahre Lebensgeschichte erzählen konnte, aber keiner war da.

Und wer würde sich für meine Lebensgeschichte interessieren?

Die Inspiration durch den Blitzschlag

Und als ich die E-Mail von meiner Tochter bekam (darüber zu lesen ist in meinem Buch DIE ENTTÄUSCHUNG), die mich wie ein Blitz traf, wurde schon wieder der Druck auf meine Gefühle sehr groß. Und meine Angst, einen Rückfall zu bekommen und wieder krank für Jahre zu werden, war schon berechtigt. Ich wusste, dass ich viel reden und erzählen musste, damit alles aus meinem Bauch rauskommt und so sollte meine Seele befreit, werden ich wollte mir also alles „von der Seele reden“. Das war die richtige Medizin, aber auch die totale Blockade gegen den Rückfall, wieder krank zu werden.

Also musste ich erzählen, damit ich gesund bleiben konnte und weil keiner da war, der zuhören konnte, musste ich schnell nach einer Lösung suchen. Und plötzlich traf mich nochmal ein Blitz, aber dieses Mal ein positiver Blitz und nicht ein vernichtender Blitz wie der, den meine Tochter mir schickte. Ich kam zu dem Schluss, dass ich nicht nach einer Person, die meine Geschichte hören sollte, suchen müsste, sondern ich ließ die Menschen, die sich für wahre Lebensgeschichten interessieren, nach meiner Geschiche suchen.

Und ab da fing alls an, also, obwohl der Blitz meiner Tochter venichtender war, war aber auch die Inspiration für mich da, anzufangen zu schreiben und mich an die Leser zu wenden.

Ab hier möchte ich über die Ereignisse reden, die mir passierten und mir das Gefühl der Fremdartigkeit gaben.

Ausländer in zwei Kategorien

Hier in Deutschland werden die Ausländer in zwei Kategorien eingeteilt. Die erste Kategorie sind die, die aus Europa kommen, egal aus welchem Teil in Europa, wichtig ist, dass sie blond und blauäugig sind. Falls sie aber nicht blauäugig oder blond sind, wie zum Beispiel die Italiener, die aus Süd-Italien kommen und hier leben, macht es nichts, die sind auch ok, schliesslich ist Süd-Italien ja ein Teil Europas.

Aber wie sieht es zum Beischpiel mit Albanern aus, die sind ja auch Europäer und die meisten sind blauäugig. Oder wie sieht es mit den Türken aus, schließlich gehört ein großer Teil der Türkei zu Europa? Gerade hörte ich ein Echo, das mir sagte: Moooment, Moooment, diese Menschen gehören vielleicht zu Europa, aber sie beten woanders und nicht in der Kirche und damit gehören sie nicht zu uns. Dann antworte ich: Die Demokratie lässt grüssen.

Dann gibt es die zweite Kategorie und das sind die. die nicht aus Europa kommen, so wie ich zum Beispiel. Diese zweite Kategorie, die hier lebt, sind total unerwünscht. Sie werden diskriminiert, aber nicht nur das, sie werden als Diebe, Vergewaltiger, Terroristen, dumm und viel mehr bezeichnet. Ich bin zwar nicht blauäugig und komme nicht aus Europa, aber ich habe nie gestohlen, ich habe nie irgendjemanden vergewaltigt, ich habe keinen terrorisiert und ich bin nicht dumm. Das habe ich in den großen Firmen, wo ich gearbeitet habe, aber auch, als ich studierte, egal, ob in Italien oder in Deutschland, mehrmals bewiesen, weil ich glaube, Dumme können nur schwer studieren und einen Magister haben oder in großen deutschen Firmen angestellt werden. Sie wären nicht fünfsprachig und könnten nicht hier sitzen und Bücher schreiben. Wenn alle Ausländer schlecht wären, denn hätte meine deutsche Frau nicht alles (Land, Ort, Familie, Eltern und Schule) hinter sich gelassen und wäre zu mir auf einen anderen Kontinent gekommen, und meine Ex-Freundin aus Österreich hätte nicht mit mir zusammen in Innsbruk eine Familie gründen wollen.

Die Vorurteile gegen Ausländer, die anders als Europär aussehen, sind riesig, enorm und gewaltig, aber auch ungeheuerlich und unfair.

Im Voraus möchte ich sagen und stark betonen, aber auch hervorheben, dass das, was ich jetzt über die Ereignisse, die mit mir, als Ausländer (zweite Kategorie) passiert sind, schreibe, nicht als Verallgemeinerug zu sehen ist. Denn wenn ich das so hinstelle, dann bin ich genauso wie die, die Vorurteile gegen uns haben. Ich würde sagen, dass diese Menschen, total unwissend und erbärmlich sind und Minderwertigkeitskomplexe haben. Und mit Sicherheit repräsentieren solche kranken Menschen, Deutschlnand nicht, aber leider machen sie dem Ruf des Rassismus alle Ehre. Und der Beweis dafür, dass diese Menschen krank sind, ist, dass sie, obwohl sie diese Ausländer (zweite Kategorie) nicht mögen, weil sie andersfarbige sind, selbst ins Solarium gehen Geld bezahlen, damit sie eine schöne dunkle Hautfarbe kriegen können, um ein bisschen anders als andere auszusehen.

Also, sie mögen die Ausländer nicht oder sind sie nur neidisch auf sie?

Rassismus der Polizei, Fall 1

Obwohl das Ereignis, das ich jetzt erzähle, gleich passierte, als ich nach Deutschland kam, das heißt, es ist sehr lange her, kann ich es trotzdem nicht vergessen, weil es in mir drinnen geschnitzt ist.

Und Gott sei Dank kann ich jetzt darüber schreiben und gerade, während ich das wahre Ereignis schreibe, fühle ich mich schon befreit, als ob ein großes Gewicht, das auf meiner Brust war, aufgehoben wurde. Ich hatte mir einmal das alte Auto, das meine Frau fahren durfte, das aber ihrem Vater gehörte, geliehen um was zu erledigen. Das alte Auto hatte einen Wert, der nicht über 2.000 DM, jawohl, zweitausend deutsche Mark lag.

Ich konnte den Preis des Autos auf zweitausend Mark schätzen, weil die Tante meiner Frau auch so ein Auto hatte, aber ganz neu, sie fuhr das Auto nur zwei Mal, war aber beim Fahren nicht so sicher und musste es wieder verkaufen und bekam dafür nur fünftausend Mark.

Ich fuhr langsam, genau wie die Straßenschilder hingewiesen hatten, und kurz vor einer Kurve kam mir ein Fahrer entgegen, der nicht auf seiner Spur fuhr und frontal gegen mich krachte. Der Fahrer hatte mit einem kind geredet, das bei ihm im Auto auf dem Rücksitz saß, und der Fahrer schaute zu dem Kind nach hinten, und das habe ich gesehen, hoffte aber, dass der Fahrer rechzeitig nach vorn schauen würde, um den Unfall zu vermeiden. Das tat er aber nicht und krachte in mein Auto. Der Fahrer versuchte aber, nachdem er mich traf, den Motor neu zu starten, um sein Auto zu korrigieren und in die richtige Fahrspur zurückzubringen. Das konnte ich schon erkennen, als er mit schnellen Bewegungen das Lenkrad fest und schnell ganz zu drehen versuchte, zum Glück aber hat der Motor nicht reagiert und der Mann gab auf und stieg aus. Ich rief meine Frau an, weil sie dabei sein sollte.

Der Fahrer fragte mich, „sollen wir die polizei anrufen oder nicht?“. Ich sagte ihm: „Ja, klar, Sie haben mein Auto kaputt gemacht.“

Ich ahnte schon, warum der Mann die Polizei nicht anrufen wollte. Er wusste schon, dass er schuldig war, hoffte aber, dass ich vielleicht die Polizei nicht holen würde, weil ich vielleicht ein Krimineller war. Wenn ich schließlich seiner Meinung nach ein Ausländer (zweite Kategorie) war, dann musste ich ja was Schlimmes getan haben. Dieser Fahrer war so einer von denen, die ich als unwissend und krank beschrieben habe. Und die Frage, die er mir stellte, die Polizei nicht anzurufen, war der Beweis dafür. Schließlich hatte er mir nicht angeboten, mein Auto zu reparieren, sondern nur die Polizei nicht anzurufen.

Kurz danach kam meine Frau mit einem Arbeiter, der bei ihrem Vater arbeitete, aber auch die Polizei kam. Eigentlich war die Situation, abzulesen an der Position des Autos, ganz klar und jeder konnte sehen, dass der Mann schuldig gewesen war. Als die Polizei da war und der Polizist sich die Lage anschaute, sagte er sofort zu dem Fahrer: „Sie sind schuldig." Und der Fahrer sagte sofort: „Ja, ich weiß."

Der Polizist schrieb das Protokol. Für ihn und für seinen Kollegen, war klar, dass der andere Fahrer schuldig war. Meine Frau und der Arbeiter und ich haben das alles mitgehört und waren froh, dass alles sofort klar gewesen war. Meine Frau ging zu ihren Eltern und informierte sie, dass ich nicht schuldig war.

Zwei Tage später fanden wir im Briefkasten, eine Vorladung für mich von der Polizei. Dort bei der Polizei, sagte uns (mir und meiner Frau) der Polizist, der das Protokol am Unfallort schrieb, dass das Protokol geändert sein wird und beide Fahrer als schuldig angesehen werden.

Der andere Fahrer war auch vorgeladen. Als meine Frau und ich die Polizeidienststelle verließen, rannte gleich danach der Polizist hinter uns her und sagte, wir müssten kurz zurückkommen. Drinnen fragte mich der Polizist, ob ich bei meiner Aussage blieb, dass ich durch den Unfall verletzt geworden war (ich hatte ein bisschen schmerzen am Hals). Und als ich ihm mit ja antwortete, sagte der Polizist gleich, „er ist auch verletzt", und zeigte auf den anderen Fahrer, der mich grinsend an schaute. Dann sagte der Polizist: „Also beide gleich.“ Also war der andere Fahrer, der vor zwei Tagen noch allein schuldig war, heute plötzlich nicht mehr allein schuldig. Der Fahrer, der vor zwei Tagen nicht verletzt war, war heute plötzlich verletzt. Das war für mich sehr vewunderlich, weil ich mir dachte, dass hier in Deutschland Demokratie herrschen solle und jeder Mensch, der sich auf deutschem Boden befindet, auch wenn dieser Mensch zu den Ausländern gehörte, vor dem Gesetz gleichberechtigt war.

Und hier sage ich, die Demokratie lässt grüßen.

Aber was noch verwunderlicher war, kommt erst noch. Nochmal verließen wir die Polizeiwache, und als wir draussen waren, sagte ich zu meiner Frau: „Hoffentlich ruft uns der Polizist nicht noch einmal, um uns zu sagen, dass ich allein schuldig bin und dass ich sogar noch dem anderen Fahrer sein Auto reparieren muss.“

Meine Frau sagte gar nichts dazu.

Als wir daheim waren, informierte meine Frau ihre Mutter, was bei der Polizei passiert war. Meine Frau versuchte immer, das Gespräch mit ihrem Vater zu vermeiden, weil er so unangenehm und dominant war.

Am nächsten Tag sagte meine Schwiegermutter, dass der Schwiegervater zum Unfallort gegangen war und fand, dass Atif doch der Schuldige war.

Also, ich fasse zusammen: Mein Schwiegrvater fuhr zum Unfallort, nachdem schon drei Tage vergangen waren, und sah in den Spiegel und fragte: Spieglein Spieglein an der Wand, wer war schuldig am Unfall? Dann antwortete ihm das Spieglein und sagte: Atif Atif, wer denn sonst? Es muss doch der Atif sein, auch wenn der andere Fahrer ein paar Bier getrunken hatte und nicht nach vorne schaute und total seine Fahrspur verließ und in Atifs Auto stieß, aber trotzdem, es muss doch der Atif sein, schließlich gehört er zu den Ausländern zweiter Kategorie, aber wir, wir sind nie schuldig, nur die anderen sind schuldig.

Ich sagte der Schwiegermutter, dass der Polizist den Bericht geändert hatte dass er an der Unfallstelle geschrieben hatte, dass der andere Fahrer schuldig war und dass der andere Fahrer sogar zugegeben hatte, dass er doch der Schuldige gewesen war und ihre Tochter und der Arbeiter das auch von dem Polizisten gehört hatten.

Hier sagte sie nichts, aber auch meine Frau hat kein Wort gesagt, sonst wäre sie ja eine Verräterin gewesen. Ich muss erwähnen, dass ich nicht der gewünschte Schwiegersohn war.

Ich dachte mir, dass das, was mit mir passiert war, nur ein Einzelfall sei. Aber leider lag ich falsch. Was für mich komisch und unglaublich war, war nicht, dass der Polizist seine Aussage und den Bericht geändert hatte, nein, schließlich, war der andere Fahrer ein blauäugiger deutscher Bauer gewesen, aber was verwunderlich war und mich umgehauen hat, war, dass meine eigene Frau sich weigerte, die Wahrheit darüber, was der Polizist in seinem ersten Bericht schrieb und sagte, ihren Eltern gegenüber zu sagen und mich total im Stich gelassen hatte. Später wurde ich von meiner Frau nach und nach im Stich gelassen.

Eigentlich gab das, was meine Frau machte, mir zu bedenken und hatte eine Säule unserer Liebe geschüttelt, schliesslich hatte ich mein Leben in Amerika aufgegeben und war mit ihr nach Deutschland gekommen, weil das ihr Wunsch gewesen war. Ich war von ihr total enttäuscht.

Das Echo

Gerade höre ich ein Echo, das mir sagt: Atif Atif, wenn es dir bei uns hier nicht gefällt, warum gehst du nicht zurück in deine Heimat? Und ich sehe gerade die passende Möglichkeit, um diesem Echo die angemessene Antwort, die es verdient, zu geben. Ich glaube, dass das Echo stellvertretend für diese Menschen ist, Menschen, die Vorurteile gegen Ausländer haben und die ich ausführlich als dumm, unwissend und krank beschrieben habe.

Herr Echo, ich glaube, jetzt gerade hast du bewiesen, dass du dumm, unwissend und ein gehirnloser Mensch bist, für mich wäre es leichter, dich als Rassist zu beschreiben. Schliesslich enthält das Wort Rassist die gleichen Definitionen, die ich oben nannte, aber ich habe es in Abschnitte aufgeteilt, damit ich jeden Abschnitt selektieren kann, um dich besser und deutlicher beschreiben zu können.

Herr Echo, wie ich schon am Anfang meines Buches schrieb, dass ich nie nach Deutschland oder Österreich kommen wollte, und das natürlich mit Recht. Es ist möglich, dass ich schon vor dir hier war und ich bin mir sicher, dass ich dem Land mehr gegeben habe, als du ihm gabst, wenigstens habe ich hier in Deutschland eine akademische Familie durchgebracht. Herr Echo, ich glaube, das Wort Akademiker ist nichts für dich. Du kannst also nicht mitreden. Alles, was du kannst, ist zu brüllen und den primitivsten Satz „Ausländer raus" oder „scheiß Ausländer" zu schreien. Dazu bin ich ein anständiger Bürger, der seine Pflichte und Rechte kennt. Ich befolge die Gesetze, sonst säße ich hier nicht frei herum, um dir eine Lektion zu erteilen. Und zu meinen Rechten gehört, dass ich genau wie du an der Demokratie teilhaben kann und meine Kritik und meine Meinung offen sagen darf, aber auch zu Papier bringen kann. Ich persönlich liebe das Land, sonst wäre ich ja nicht hier und wie ich sagte, du repräsentierst das Land nicht, sonderen nur eine Gruppe von kranken und unwissenden Rassisten.

Und weil ich das Land hier liebe, will ich nicht, dass der bedeutende Ruf, den Deutschland hat und zwar das größte und hoch qualifizierteste Land in Technologie und Industrie zu sein, von Gesindel, das so dumm und krank ist wie du, ruiniert wird.

Die Flüchtlinge und die Sorgen der Deutschen

Dazu möchte ich noch sagen, dass sich Deutschland unter der Führung der Bundeskanzlerin durch die Aufnahme von über eine Million Flüchtlingen als das humanste Land Europas zeigte und damit das Ansehen Deutschlands in der Welt in die Höhe trieb.

Und diese Notiz, die ich gerade über das Ansehen Deutschlands schrieb, bekam ich von Menschen aus verschiedenen Nationalitäten, die ich treffe und mit denen ich, während ich verreise, rede. Es gäbe natürlich auch andere Länder, die nicht zu Europa gehören und sich sehr human zeigten, zum Beispiel nahm Ägypten fünf Millionen Flüchtlinge auf, die zusammen mit den Ägyptern wohnen, arbeiten und leben und das hat der Präsident von Ägypten vor der UNO-Versammlung offen berichetet, und natürlich dürfen wir auch die Türkei nicht vergessen.

Mehrmals wurde mir von meinen deutschen Nachbarn hier in Deutschland, aber auch von denen, die in Ägypten arbeiten oder nach Ägypten ausgewandert sind, diese Frage gestellt: Atif, was meinst du zur Flüchtlingsfrage? Sie hören aber nicht auf und warten, bis ich die Frage beantworten kann, nein, sie fügten gleich noch hinzu: „Diese Flüchtlinge kommen zu uns nach Deutschland und bekommen Geld und Wohnung und Kleider, und es wird denen besser als vielen Deutschen gehen. Unsere Renten werden wegen denen nicht höher und unser Lebensstandard wird beeinträchtigt."

Es war für mich total verwunderlich, dass, nachdem ich die Frage beantwortet habe, die Reaktion von ihnen allen genau gleich, obwohl unter ihnen Ingenieure, Lehrer, Schuldirektoren, aber auch normale Schichtarbeiter. Ich hatte die Antwort, die ich ihnen gab, in verschiedenen Fragen selektiert und ließ die Nachbarn selbst diese drei Fragen beantworten, und damit bekamen sie die Antwort, die sie suchten.

Bevor ich anfing, die Frage zu bentworten oder praktisch ihnen die drei Fragen, die zu der Antwort führen sollten, zu stellen, sagte ich ihnen einen Satz, damit das Adrenalin bei ihnen einen Schub bekommt und um ihre Aufmerksamkeit zu schärfen. Ich sagte ihnen, dass die Länder, aus denen diese Flüchtlinge kommen, der Grund für den Wohlstand der Deutschen sind. Ich war nicht einmal mit dem Wort „Wohlstand" fertig und konnte merken, wie mein Satz einen Nerv getroffen hatte und in ihnen eine Überdosis an Adrenalin angereichert hatte. Soviel Aufmerksamkeit wollte ich gar nicht.

Ich stellte ihnen die erste Frage und die lautete: Haben die Länder, aus denen die Flüchtlinge kommen, Krieg oder nicht?

Sie beantworteten, die Frage brav mit „Ja".

Ich stellte ihnen die zweite Frage und die lautete: Führen die Kriegsparteien den Krieg dort mit Waffen, Kampfflugzeugen und Raketen oder mit Schwertern und Pferden wie vor zweitausend Jahren?

Sie beantworteten die Frage mit: „Ja, mit Raketen und Flugzeugen."

Ich stellte ihnen dann die dritte Frage und die lautete: Kann es sein, dass ein Teil von diesen Waffen, mit denen die Kriegsparteien den Krieg führen, aus deutscher Produktion käme?

Sie beantworteten auch die dritte Frage brav mit „Ja" und setzten noch den Satz dazu: „Sicher, wir sind ein Industrieland und natürlich exportieren wir auch Waffen."

Danach sagte ich: „Jetzt fasse ich zusammen. Also, die Flüchtlinge kommen nach Europa, weil sie Krieg in ihren Heimatländern haben. Die Flüchtlinge fliehen aus der Heimat, weil sie Angst haben und nicht mit den Raketen und Waffen, die aus Deutschland kommen, getötet werden wollen. Und mit Sicherheit bekam Deutschland für diese Waffen, die an diese Kriegsparteien verkauft worden sind, Geld und hat damit Gewinne erzielt. Und diese Gewinne sind ein Grund für euren Wohlstand." Dann sagte ich: „Ich hoffe damit eure Frage beantwortet zu haben, und bitte geht ein bisschen behutsam mit den Flüchtlingen um."

Sie gaben mir keine Antwort und sagten gar nichts, als ob ihnen die freundlichen Wörte fehlten.

Endlich habe ich den Weg gefunden, mich zu befreien und meine Meinung durch das Schreiben offen zu sagen. Vielleicht ist meine Kritik einbisshen scharf, aber sie ist real und gerecht und vielleicht kann durch diese Kritik etwas zum Besseren geändert werden, schliesslich ist diese Kritik eine Spiegelung oder eine Reflexion der Gegenwart.

Eigentlich weiß ich nicht, ob ich mich als Kritiker bezeichen kann, weil meine Meinung über einen Kritiker so lautet: Er sieht die Dinge aus seiner Sicht, die nicht unbedingt immer eine isometrische Ansicht sein muss.

Der Appell

Aber ich appelliere an Menschen, die gar keine Sicht haben. Ich appelliere an Menschen, die die Dinge nur oberflächlich sehen und dann belanglose und unbedachte Kommentare von sich geben.

Ich appelliere an Menschen, die andere Menschen hassen, weil diese anders aussehen oder eine lockere Art zum Leben haben.

Ich appelliere an Menschen, die sich für eine bessere Rasse halten.

Ich appelliere an Menschen, die andere Menschen als minderwertig sehen.

Und zu diesen Menschen sage ich: Ihr seid nicht besser, ihr seid nicht klüger, aber ihr und euresgleichen seid nur Menschen, die versuchen, mit irgendeiner Vorstellung oder einer Einbildung sich als bessere Menschen zu sehen und das nur, um eure Minderwertigkeitskomplexe zu vertuschen, und das, was ihr euch einbildet or vorstellt, existiert nur in eurer Fantasie.

Ich würde mich als einen logischen Kritiker bezeichnen. Mit Sicherheit kann ich mir vorstellen, dass diese Kritik, die ich gerade schrieb, manchen nicht gefallen wird, und dann kommt einer raus, der die Möglichkeit hat, in irgendeine Zeitschrift schreiben zu können, und versucht, sich beliebt zu machen oder sich als ein falscher Patriot darzustellen und zeigt vielleicht mein Bild von meinem Buch-Cover und schreibt darunter, diesen oberflächlichen und unlogischen Satz: „Sollen wir uns solche Kritik von so einem gefallen lassen?"

Ich würde sagen, wenn ich einen solchen Satz oder Kommentar lesen werde, werde ich gleich, mit Sicherheit wissen, dass ich schon auf dem richtigen Weg bin.

Und ich werde natürlich weiterhin auf diesem richtigen Weg bleiben und mein Recht, und zwar, an der Demokratie Teil haben zu wollen, wahrnehmen.

Und wenn irgendjemand leiser meinen sollte, dass die Demokratie nur für unsere eigene Leute gilt, dann würde ich diesem Menschen sagen: Lebe weiterhin in deiner Fantasiewelt, aber versuche dich von diesem Hass zu befreien, weil der Fehler nicht bei uns liegt, sondern nur bei dir.

Seit ich in Deutschland bin und eine Familie gegründet habe, habe ich immer wieder den gleichen Traum. Ich träumte und träume noch von einem Deutschland ohne Rassismus.

Und das Land, in dem meine Familie und meine Erinnerungen sind, zu verlassen, ist nicht die richtige Lösung, obwohl ich nicht blauäugig bin, aber ich fühle mich dem Land verpflichtet, wo ich kann, zu helfen, und wenn wir uns alle, um das gute Ansehen Deutschlands kümmern wollen, dann müssen wir den Rassimus bekämpfen und zwar mit friedlichen und überzeugenden Methoden. Endlich habe ich den Weg, um den Rassismus zu bekämpfen, und zwar mit dem Schreiben, gefunden. Ich werde meine Pflicht erfüllen und weiter schreiben, schreiben, bis die Tinte ausgeht und die Füller austrocknen, auch dann werde ich nie aufhören zu schreiben und ich werde weiterhin mit scharfer, aber logischer Kritik argumentieren und gegen den Rassismus kämpfen.

Lässt uns human sein und unsere Energie einem friedlichen Leben widmen, einem friedlichen Leben, das von jedem Hass befreit ist, einem Hass, der dem schönen Deutschland schädigend ist.

Ich erzählte von dem Autounfall und wie ich von dem Polizisten behandelt wurde, aber auch, wie ich von den Schwiegereltern total unfair behandelt wurde. Natürlich möchte ich gerne über andere ähnliche Fälle, die mir passiert sind, erzählen.

Eigentlich habe ich den Weg der Befreiung, das Schriben, gefunden, um meinem sehr verehrten Leser ein Bild von dem Leben der Ausländer, die hier in Deutschland leben, vermitteln zu können. Es ist kein Bild des Grauens, aber die Würde des Menschen wird mit Füßen getreten, obwohl sie unantastbar sein sollte. Ich nehme mir das Recht, über mein Leben als Ausländer, der von den Menschen hier als Ausländer zweiter Kategorie gesehen wird zu schreiben. Und seien Sie sicher, sehr verehrte Leser, dass das, was ich über mich als Ausländer erzähle, nicht nur mich sondern jeden

Ausländer betrifft. Ich möchte nur sagen und behaupten, dass der Staat den Ausländern, die hier bleiben dürfen, bis sie arbeiten können, eine Bleibe, Nahrung und Schutz anbietet, aber durch die schlechte Behandlung und dadurch, dass die Würde der Ausländer mit Füßen getreten wird, wird dann die Bleibe, „höllisch“ und die Nahrung „verbittert“ und der Schutz sowieso wird dann eine „Mangelware“ sein.

Also, die Ausländer, die hier leben, leben nicht in Saus und Braus.

Der Rassismus der Schwiegereltern

Geschichten und Fälle müssen erzählt werden in der Hoffnung, dass etwas zum Besseren geändert werden, denn wenn man nicht einmal reden darf oder nur um den heißen Brei herumredet, dann wird nichts ans Licht gebracht und nichts wird geändert werden.

Ich werde noch mehrere und zahlreiche Fälle, die mir passiert sind, berichten, und sie sind der beste Beweis für das, was ich gerade schrieb.

Und weil ich hier in diesem Buch wieder meinen Schwiegervater erwähnt habe, möchte ich auch diesen Fall erzählen, nur um zu beweisen, dass die Gefühle und die Sensibilität eines Menschen, wie ich schon am Anfang meines Buches angedeutet habe, ein Nachteil sein können. Und das alles, was ich erlebt habe und noch erlebe, ist zustande gekommen, weil ich mich von meinen Gefühlen leiten ließ und Amerika verließ und mit meiner deutschen Freundin und später meiner Frau nach Deutschland geflogen bin, obwohl Deutschland und Österreich nicht mein Ziel waren.

Die Schwiegereltern wussten ganz genau, dass ich angemessene Regeln für meine Kinder gestellt hatte, sie versuchten aber mit allen Mitteln, alles was ich zu den Kindern sagte, zu unterschlagen.

Zum Beispiel, wenn wir bei den Schwiegereltern wegen eines Geburtstages waren, schenkte der

Schwiegervater mit Absicht meinen kleinen Kindern Wein und Bier ein. Er wusste ganz genau, dass das falsch war, tat es aber nur, um seinen Wille durchzusetzen, und natürlich versuchte ich keinen Streit mit ihm anzufangen, weil meine Frau überzeugt war, dass, egal, was die Deutschen machen, alles doch richtig sein musste, und sowieso hatte sie ja Angst vor ihrem Vater, weil er so dominant war, aber sie hätte auch nichts dagegen gehabt, wenn die Kinder Drogen geraucht hätten und mit Bikini in die Schule gegangen wären. Auf jeden Fall entdeckte ich durch Zufall, dass der Sohn rauchte, obwohl er noch sehr jung gewesen war und die Mutter davon wusste, aber mir nichts sagte.

Einen Tag nach dem anderen fühlte ich mich einsam und verlassen. Meine Frau hatte ihre Gedanken bei jedem, nur nicht bei mir, und das war eigentlich der Hauptgrund, warum ich sie verließ.

Vielleicht wird meine Frau jetzt, falls sie mein Buch liest und ihre Gedanken bei der Sache hat, den Hauptgrund wissen, warum ich es nicht mehr aushalten konnte und weggegangen bin. Ich hatte das Gefühl, dass sie mich gar nicht sieht und dass ihr einziges Ziel war, ihre Mutter zufrieden zu machen und alle Anweisungen der Mutter ausführen zu müssen. Sogar als ihre Mutter bei uns zum Essen eingeladen war, musste das Essen auf unserem Tisch so hergerichtet werden, wie sie es bei sich machte.

Also, ich fasse zusammen, meine Schwiegrmutter war bei uns zum Essen eingeladen und saß an unserem Tisch. Meine Frau, ich, aber auch meine Kinder mussten genau ihre Anweisungen befolgen, sonst hatte sie die ganze Zeitr, während wir aßen, einen komischen Gesichtsausdruck. Und duch ihr Mienenspiel war der Abend schon im Eimer. Und als ob das nicht reichte suchte sie immer wieder nach Gelegenheiten, um von ihrer Tochter bemitleidet zu werden, und immer wieder gab sie vor, wie schlecht es ihr ging. Sie jammerte mit ihrem schwäbischen Dialekt erbärmlich und wiederholte ihren bekannten Satz: „Ah, Ah, mir gaat schleeecht, weil mir alles weh tü".

Und als ob die Schwiegermutter mit ihrem Satz das Ventil der Tränendrüsen meiner Frau öffnete sah ich sofort, dass meine Frau in Tränen ausgebrochen war. Meine Schwiegermutter hingegen sah dann wieder glücklicher aus. Und das Spiel spielte sie immer wieder. Und damit war ein Teil unseres Lebens verdorben, weil die Gedanken meiner Frau mal wieder ganz woanders waren. So systematisch ist die Schwiegermutter vorgegangen bis unser Leben durch sie kaputt ging und sie ihre Tochter wieder zurückbekam.

Das erinnerte mich an den Satz, den irgendjemand zu meiner Schwiegermutte sagte, und zwar, dass sie eine Egoistin sei.

Ich habe mir immer die Frage gestellt: Warum macht meine Frau das alles mit und folgt ihrer Mutter? Konnte sie nicht begreifen, dass ihre Ehe durch ihre Mutter zerbrochen ist und sie ihren Mann verlieren wird? Die Antwort auf diese Frage ist sehr simpel: Meine Frau konnte sich von ihrer Mutter nicht abnabeln und ist in dieser Beziehung ein Kind geblieben.

Der nächste Fall wird meinen lieben Lesern ganz deutlich zeigen, wie abnormal das Verhältnis zwischen meiner Frau und ihrer Mutter gewesen war. Ich schreibe diese Fälle auf, um das wirkliche Leben von meiner Frau und mir besser widerspieglen zu können. Aber es soll auch der Grund, warum das Leben mit meiner Frau nicht mehr erträglich gewesen war, sichtbar gemacht werden.

Also, das magische Wort ist „zwischen“, wie das Verhältnis „zwischen“ Mutter und Tochter.

Eigentlich wäre es für mich viel leichter gewesen, wenn ich zum Beispiel die nächste Frage einem Studenten hätte erklären müssen: Wie würde ein Satz mit dem Wort „zwischen” geschrieben werden? Und prompt wird diese Frage so beantwortet. Es hängt von der Präposition ab, wenn die Wort-Frage „wo” ist, dann „+ Dativ“, so: „Zwischen den Zeilen lessen“ (statisch).

Und wenn die Wort-Frage „WOHIN” ist, dann „+ Akkusativ“, also so: „zwischen die Zeilen schreiben“ (dynamisch).

Eigentlich müsste ich auch die Bedeutung von dynamisch und statisch erklären. Damit wollte ich ja nicht unbedingt mein Wissen zeigen und dem Leser beweisen, dass ich mich immer für das Land interessierte und gleich die Landessprache lernte und nicht alle Ausländer nur die zwei bekannten Wörter „NIX WISSEN” kennen, nein, nein, ich wollte nur zeigen, wie leicht das Wort „zwischen” grammatikalisch zu erklären ist, aber das Verhältnis zwischen meiner Frau und meiner Schwiegermutter konnte ich weder erklären noch verstehen.

Jetzt kehre ich zurück zu dem Fall, den ich erzählen wollte, der zeigen sollte, dass das Verhältnis zwischen den beiden abnormal gewesen war.

Gleich am Anfang meines Lebens mit meiner Frau in Deutschland, gab es einen Streit zwischen dem Schwiegervater und der Schwiegermutter, den Grund dafür möchte ich hier nicht nennen.

Der Schwiegervater war so sauer, dass er seiner Frau mit der Scheidung drohte. Da brauchte sie die Hilfe ihrer Tochter, um die Situation zu beruhigen. Ich ging mit meiner Frau mit, weil das ihr Wunsch gewesen war und wir konnten ihren Vater beruhigen und danach gingen wir nach Hause, weil die Kinder daheim allein waren. Kurz danach rief die Mutter wieder an, weil der Vater wieder

unruhig geworden war. Dieses Mal sagte ich zu meiner Frau, dass ich bei den Kindern bleiben würde, außerdem konnte ich sowieso nichts machen, und da antwortete sie: „Doch, du kannst was machen, wenn er gewalttätig wird.“
In solchen Fällen war aber dann die Polizei der richtige Ansprechpartner und nicht ich, aber man konnte verstehen, dass ihre Mutter auf jedem Fall vor ihm geschützt werden müsste, auch wenn Gewalt gegen ihn nötig wäre, obwohl er ihr Mann war und die Loyalität der Tochter für beide Eltern gelten sollte. Dieser Fall, glaube ich, konnte zeigen, dass ihre Mutter das A&O in ihrem Leben war. Ich hoffe, dass viele junge und alte Menschen von den Geschichten lernen können. Obwohl uns, mir und meiner Frau, die angespannte Situation zu beruhigen gelungen war und die Schwiegereltern wieder vereint und mit einander friedlich zusammen leben würden, hat die Schwiegermutter weiterhin systematisch unser Leben durch ihre Nase, die sie immer und immer wieder in unser Leben reinsteckte und Anweisungen an ihre Tochter diktierte, kaputt gemacht. Anweisungen, die total gegen meine Linie waren.

Um die Qualität dieser Schwiegermutter zu demonstrieren, werde ich auch von diesem Fall berichten müssen. Ich weiß, dass ich in diesem Abschchnitt viel von ihr berichtet habe, und ich werde sogar noch mehr von ihr berichten, schliesslich ist durch sie und nur durch sie unser Leben kaputt gegangen, damit sie ihren Egoisten Willen befriedigen konnte. Das Lustige war, sie machte immer gute Miene zum bösen Spiel und solche Menschen haben bei mir nur eine Definition, und zwar „hinterhältig".

Gleich nachdem meine Frau und ich geheiratet hatten, wohnten wir in einer alten Wohnung in einem uralten Haus und bezahlten, was wir uns leisten konnten.

Den Schwiegereltern und speziell der Schwiegermutter war es wahrscheinlich im Ort, wo sie wohnten und mehrere Häuser und Wohnungen hatten, peinlich, dass die Tochter in so einem alten Haus wohnte. Ein Jahr wohnten wir in dieser alten Wohnung ohne warmes Wasser und in dieser Zeit kam das erste Kind. Genau nach einem Jahr hat die Schwiegermutter uns eine neue schöne Wohnung von den Wohnungen, die den Schwiegereltern gehörten, zur Miete angeboten, und angeblich sollten wir genau so viel Miete bezahlen wie die Miete, die wir in der alten Wohnung bezahlten, was im Nachhinein nicht stimmte. Und als ob sie ein Jahr lang brauchten, um uns das Angebot machen zu können, schliesslich war die Wohnung schon länger frei gewesen.

Die Wohnung war ja auch sehr nah von dem Haus, wo die Schwiegereltern lebten, nur eine Straße weiter, und das war natürlich die größte

Freude für meine Frau. Eigentlich wollte ich nicht in die neue Wohnug umziehen, weil ich schon ahnte, dass das keine gute Entscheidung wäre.

Und mal wieder musste ich wegen des Drucks, den meine Frau mir machte, gegen meine Gefühle entscheiden, um meine Frau glücklich, mich aber unglücklich zu machen.

Gesagt getan, ich hatte meiner Frau zugestimmt und wir sind gleich in die neue Wohnung umgezogen. Kurz danach gab ich meiner Frau den Mietbetrag, den wir mit ihrer Mutter ausmachten und für den wir nie eine Quittung bekamen, und das war genau so viel wie die Warmmiete, die wir in der alten Wohnung bezahlten.

Nach ein paar Tagen kam die große Überraschung, dass wir noch die sogenanten Nebenkosten zahlen mussten und die waren genau so viel wie der Mietbetrag, den wir schon an die Schwiegermutter bezahlten, und das, obwohl sie uns versprach, nur genauso viel wie in der alten Wohnung zu zahlen, von „extra Nebenkosten" war gar keine Rede gewesen.

Selbstverständlich waren wir auf solche doppelte Mieten nicht vorbereitet, schliesslich arbeitete meine Frau noch nicht und für mich war es nicht unbedingt so eilig, in eine teurere Wohnung umzuziehen, aber meine Frau wollte unbedingt.

Ein Jahr später fing meine Frau eine Lehre bei ihrer Mutter an und verdiente gerade ein Viertel von dem, was die anderen Mädchen bei der gleichen Lehre woanders verdienten.

Meiner Frau war alles Recht, solange es von ihrer Mutter kam. Eigentlich kann die Art, wie diese Schwiegermutter ihre Tochter behandelte, nur zeigen und beweisen, auch dadurch, was ich noch erzähle, dass diese Frau mehr als egoistisch und total diktatorisch mit ihrer eigenen Tochter umgegangen war, so, als ob die Tochter bestraft werden sollte, weil der Atif nicht der gewünschte Schwieger Sohn sei.

Und sie kurierte ihre verletzte Ehre durch ihren Hass mir gegenüber und die diktatorische Behandlugn ihrer Tochter gegenüber, aber meiner Frau war das alles egal.

Die Schikanen meiner Schwiegermutter

Schikane Numero Uno (Die alte Spülmaschine)

Der nächste Fall wird einmal wieder zeigen, dass nicht nur in der dritten Welt, wie man sich vielleicht dachte, dass der Sohn von den Eltern bevorzugt und ihm mehr Liebe als die Tochter gewidmit wird, sondern auch in dem Haus meiner Schwiegermutter, wo auch ihr verwöhnter Sohn wohnte. Von ihrem Sohn wird später mehr erzählt werden. Als wir in diese neue leere Wohnung kamen, kauften wir unsere Hausgeräte nach und nach, bis alles da war. Gleich am Anfang wollte diese falsche Frau uns eine falsche Freundlichkeit zeigen, die sich später als als Beweis für ihre diktatorische und egoistische und selbstsüchtige Handlung mit uns zeigte.

Sie meinte, sie wolle uns eine Spülmaschine schenken, die wir wirklich nicht brauchten, aber OK, wenn sie das meint, sagte ich zu meiner Frau.

Zwei Tage später kam ich nach Hause und fand eine uralte Spülmaschine, die in der Küche stand. Und da sagte mir meine Frau gleich und als ob sie die übermittelte Antwort von ihrer Mutter parat hatte: „Ja, die Maschine ist alt, gehörte meiner Tante und funktioniert nicht einmal, aber meine Mutter wird die Reparatur bezahlen, dann wird die Maschine wie neu sein."

Ich ahnte, dass das mit Sicherheit mal wieder eine Schikane war, aber wenn meine Frau das natürlich akzeptierte, dann musste ich auch das gleiche tun, falls ich ein friedliches Leben haben wollte. Diese Schikane war nicht die erste, aber auch nicht die letzte.

Die Schikanen und die schlehte Behandlung von den fremden Menschen hier waren beleidigend und traurig, aber noch schlimmer und schmerzhafter, wenn ich das sogar von den Schwiegereltern, die ich sie als Eltern geschätzte und respektiert hatte, erleben musste. Wenn ich ein Bild der Behandlungsarten, die die Ausländer hier tagtäglich erleben, zeichnen wollte, müsste ich diese Fälle und die danach noch kommen werden, zu Papieren bringen. Eigentlich schrieb ich mein Buch aus den Erinnerungen. Erinnerungen, die in mein Gehirn geschnitzt waren. Erinnerungen, die mein Herz bluten ließen. Erinnerungen, die ein Grund für vergossene Tränen waren. Erinnerungen, die immer wieder ein Grund waren, dass die Tränen mir in die Augen traten.

Schikane Numero Due (Der Topfeinsatz)

Die nächste Schikane war wieder von der Schwiegermutter und diese Schikane war primitiver als die vorherige. Nachdem die sogenannte „Spülmaschine", die bei der zweiten Benutzung kaputt gegangen war, eine Farce gewesen war, meinte die Schwiegermutter, sie wolle uns doch was anders statt der kaputten Maschine schenken. Sie wollte uns also mal wieder schikanieren und fragte uns, was wir als Geschenk haben wollten. Wir sagten, einen Fernseher, aber sofort sagte sie: „Ein Fernsehr ist nicht von Dauer.“ Und sie schlug vor, dass sie uns einen Topfeinsatz kaufen möchte, weil er besser sei, aber auch von Dauer, und wir sollen morgen Abend vorbei kommen, weil der Topfeinsatz-Repräsentant da sein würde, um uns zu zeigen, wie wunderbar diese Töpfe sind und kein Wasser zum Kochen bräuchten. Gesagt, getan, wir gingen zu ihr am Abend und der Repräsentant zeigte uns, wie das geht. Der Topfeinsatz bestand aus zweiundzwanzig Stücken und würde innerhalb zehn Tagen geliefert.

Nach zehn Tagen rief die Schwiegermutter uns an und meinte, Atif solle vorbeikommen, um die Töpfe abzuholen. Als ich kam, um den schweren Karton mit zweiundzwanzig verschiedenen Töpfe abzuholen, fand ich stattdessen nur drei Töpfe und eine kleine verrostete Pfanne, und alles ohne Griffe vor. Diese drei Töpfe waren die Töpfe, die sie vor dreißig Jahren gekauft hatte, als sie geheiratet hatte.

Aber den Topfeinsatz, der unser Geschenk sein sollte, nahm sie für sich. Und da sage ich nur: „Der Egoismus lässt grüssen.“

Diese Schikane hat in mir noch mehr Traurigkeit verursachte, weil für mich ganz klar war, dass diese Frau uns als Menschen ohne Würde sieht.

Für meine Frau war es wieder egal. Ich hoffe, dass die vielen Menschen, die meine Schwiegermutter kannten, mein Buch lesen werden, um das wahre Gesicht dieser Frau kennenzulernen. Die Frau, die gute Miene zum bösen Spiel, aber auch unser Leben kaputt machte.

Ich möchte damit nicht unbedingt sagen, dass ihr Tod die Strafe Gottes gewesen sei, nein, denn irgendwann sterben wir alle. Aber wann und wie sie das Leben, wohlgemerkt ohne den Topfeinsatz, der ein Geschenk für uns sein sollte, verließ, war schon bedenklich. In meinem Buch "die Enttäuschung" schrieb ich darüber, aber auch mehr über die gefährlichen Krankheiten, die sie, ihr Mann, ihr Sohn und ihre Tochter bekamen.

Und das alles kurz nachdem sie unser Leben ruinierte .... (Oder war es doch die Strafe Gottes?)

Die Schikanen hörten nicht auf, eine Schikane nach der anderen, und jede Schikane primitiver und schlimmer als die vorherige. Und als ob sie ein Ziel verfolgte und zwar, mich loszuwerden und ihre Tochter zurückzubekommen, aber auch meine Kinder noch dazu, erreichte sie tatsächlich ihr Ziel. Und damit war die Familie kaputt gegangen.

Schikane Numero Tre (Baguette für den Französischen Bauer)

Die nächste Schikane wird Ihnen, meine sehr verehrten Leser, mal wieder zeigen, wie diese Frau mich hasste und wie unfair sie mich behandelte.

In das Haus von meinen Schwiegereltern sollte ein Franzose kommen und eine Woche bleiben, das war so von der Gemeinde organisiert (irgendein Dorfbewohner-Tausch). Obwohl die Schwiegermutter den jungen Franzosen nicht kannte, stand sie freiwillig jeden Morgen sehr früh auf und ging in die Bäckerei um das Baguette, das sie bei der Bäckerei extra backen ließ, weil diese Bäckerei keine Baguettes verkaufte, abzuholen, und das machte sie, solange der Franzose da war. Natürlich sah ich den Unterschied, wie sie mich schikanierte, obwohl ich ihr Schwiegersohn sein sollte, und wie sie mit dem Franzosen umging.

Und als ich mal mit diesem Franzosen sprach, und zwar in seiner eigenen Muttersprache, weil er ja keine Fremdsprache kennte, aber auch seine eigene Muttersprache konnte er nur in Dialekt reden und nicht in hochfranzösisch, stellte sich heraus, dass er ein junge Bauer war und gerade mal die Hauptschule beendet hatte. Also war er nicht Alain Delon, aber auch nicht Jean-Paul Belmondo. Warum musste ich, der fünf Sprachen beherrsche und einen Magister aus Italien habe, schlechter behandelt werden?

Jetzt gerade höre ich nochmal das Echo, das mir zuflüsterte und sagte: Atif Atif, schau mal, sieh dich im Spigel an. Mag schon sein, dass du ein Charismatiker und intelligenter Mann bist, aber du hast doch keine blauen Augen wie der blauäugige französische Bauer.

Also, der gemeinsame Nenner zwischen dem Franzosen und meiner Schwiegermutter war nur die blauen Augen, und hier würde ich mal wieder sagen: „Der Rassismus lässt grüssen."

Nach jeder Schikane, die mit mir passierte und die ich hier auf Papier bringe, fühlte ich mich irgendwie ein bisschen befreit, befreit von einem schweren Gewicht, das sich auf meiner Brust bequem gemacht hatte, befreit von einem hohen

Druck, der sich auf meine Seele legte, und weil ich ganz befreit sein will und meiner innersten Seele die totale Ruhe widmen möchte, werde ich weiterschreiben, ja, die ganzen Schikanen, werde ich aufschreiben. Aber auch die primitivsten Behandlungen, ob von den Schwiegereltern oder von den anderen, werden aufgeschriebn werden. Ich werde immer meine Anliegen zu Papier bringen.

Es hörte nicht bei den Schikanen, die ich von meinen Schwiegereltern erleben musste auf, sondern es mischte sich die Schwiegermutter total in unser Leben ein und steckte ihre Nase überall in unsere Angelegenheiten. Ihr Einfluss auf meine Frau und meine Kinder war nicht zu übersehen und machte sich bemerkbar. Ich hoffe, dass meine Frau jetzt, nachdem sie das Buch gelesen hat, ihre Gedanken zurückversetzt und versucht, sich in meine Lage zu versetzen.

Ich glaube, dass kein Mensch, kein Mann, aber auch kein Vater, so weiterleben könnte, weiter leben mit solchen Schikanen und vor allem wie das fünfte Rad am Wagen.

Die nächste Schikane wird mal wieder zeigen, wie groß der Egoismus der Schwiegermutter gewesen war.

Nachdem meine Frau und ich geheiratet hatten und das erste Kind ein paar Jahre alt war, flogen wir nach Kairo in Ägypten, um den Urlaub dort zu verbringen. Während wir spazieren gingen, schaute meine Frau ins Schaufenster eines Juweliergeschäfts, das sehr teuer war. Ich merkte, dass eine Kette mit Steinen aus Diamanten meiner Frau gefiel. Sie wusste schon, dass wir uns diese Kette nicht leisten können und sie hatte nicht einmal gesagt, dass sie sich diese Kette wünschte.

Am nächsten Tag besorgte ich mir das Geld und kaufte ohne ihr Wissen die Kette, weil ich ihr eine Freude machen wollte, außerdem wollte ich ihr klar und deutlich machen, dass „meine Frau" mir bedeutungsvoll ist und ihr Hals nur das teuerste verdiente, und sie sollte auch die Geschichten ihrer Mutter mit der Spülmaschine und dem Topfeinsatz vergessen. Ich hatte später das Geld für die Kette nach und nach an meine Familie zurückbezahlt.

Später in Deutschland fand eine Geburtstagsfeier der Schwiegermutter statt und wie üblich lud sie die ganze Familie ein. Es ist immer so gewesen, dass bei einer Feier jede Frau zeigt, was für schöne Juwelierwaren sie hat und die Schwiegermutter war immer die erste, die wie ein geschmückter Weihnachtsbaum ausgesehen hatte.

Als meine Frau gesehen hat, dass jede Frau ihre Klunker zeigte, ging sie kurz nach draußen und kam mit der diamanten Kette an ihrem Hals zurück. Jeder war total überrascht, wie schön die Kette an ihrem Hals war, und meine Frau war glücklich und stolz.

Als die Schwiegermutter sah, dass ihre Tochter ihr die Schau stahl, zeigte die Schwiegermutter ihrer Tochter die Eckzähne und sagte ihr mit einer bösartigen Mimik: „Die Steine an deiner Kette funkeln ja schön."

Gleich danach und während wir immer noch beim Feiern waren, legte meine Frau die schöne Kette ab und nach der Anweisung ihrer Mutter trug meine Frau diese Kette nie wieder auf. Danach wusste ich, warum meine Frau nicht gleich die Kette am Anfang der Feier getragen hatte, und zwar, weil sie schon ahnte, dass ihre Mutter damit nicht einverstanden sein würde, dass die eigene Tochter ihr die Schau stahl, aber als meine Frau das sah, dass alle Frauen, zeigten, was sie hatten, da wollte sie das auch tun, aber leider durfte sie es nur für zwei Minuten zeigen.

Und da sage ich: Der Egoismus und die Diktatur lassen grüssen.

Dass ich meine Anliegen hier zu Papiere bringe und über diese bösartige Menschen schreibe, bedeutet nicht, dass ich wütend oder aufgebracht bin, nein, aber ich möchte nur zeigen, dass das Leben zu kurz ist und das Wort „Menschlichkeit" weg blieb. Ich habe tatsächlich mit diesen Menschen großes Mitleid, weil sie kurzsichtig sind und nicht in der Lage zu kapieren, dass es sich nicht lohnt, andere Menschen zu schikanieren oder zu unterdrücken. Und weil ich gerade bei den

Schikanen der Schwiegermutter bin, bleibe ich da auch und erzähle die nächste schlammige Schikane.

Ich hatte kurz erwähnt, dass meine Frau einen verwöhnten Bruder hat, und ich verspach, über ihn später zu schreiben. Jetzt kommt die Zeit, über ihn zu schreiben, weil er Teil der nächsten Schikane ist. Eigentlich wollte ich ihn nicht erwähnen, weil seine Erziehung, die er von seiner Mutter erhalten hatte, nichts Freudiges ist. Der Bruder hatte keine Möglichkeit, hier in Deutschland eine Freundin zu bekommen, und daher flog er immer wieder ins Ausland, um seinen Bedürfnissen nachzukommen.

Zusammengefasst, er kam zurück mit einer Afrikanerin, und hätte aus der zweiten oder dritten afrikanischen Generation, die nach Südamerika emigriert war sein können, mit dem Zweck, sie zu heiraten. Diese Afrikanerin lebte mit dem Sohn in dem Haus der Schwiegermutter und nach einer bestimmten Zeit merkte diese Afrikanerin, dass der Sohn das Heiraten immer veschob und ihr keinen Grund dafür nannte.

Die Afrikanerin stellte fest, dass der wahre Grund für die Verschiebung der Heirat die Schwiegermutter war. Und gleich ging die Afrikanerin zu ihrer zukünftigen Schwiegermutter und führte mit ihr ein flammendes Gespräch, natürlich nicht auf deutsch, sondern mit Händen und Füßen und zwischendurch ein paar afrikanischen Wörten und damit brach die Hölle los und die Heirat fand nach einer guten Woche statt.

Die Schwiegermutter duldete die Ehe, nachdem die Afrikanerin ihre Hilfsbereitschaft als Mädchen für alles angeboten hatte. Sie putzte das ganze Haus und das Auto vom Schwiegervater, und zwar gründlich, geleckt und damit imponierte sie die Schwiegermutter und bekam von ihr die Duldung. Also auch Schikanen aber „alla Negretta".

Das, was mit der Afrikanerin passierte, erinnerte mich an die Nazizeit, wo manche Nazioffiziere ihre Putzfrauen und Haushälterinnen versteckten, die eigentlich nach Dachau und an andere Plätze ausgeliefert werden sollten, um eine Seife in die Hand gedrückt zu bekommen, als ob sie duschen sollten, aber statt Wasser strömte das Gift „Zyklon B" in einem geschlossenen Raum über ihe Köpfe. Und so starben sie, aber qualvoll. Und hier können wir sehen und feststellen, dass die beiden Fälle (der fall meiner Schwiegermutter mit der Afrikanerin und der Fall der Nazioffiziere mit den Putzfrauen) total identisch sind. Und das heisst, es ging nicht um Patriotismus, sondern um Rassismus und eigenes Interesse.

Eigentlich müssen diese Geschichten erzählt werden, vor allem wenn sie so wahr wie meine Geschichten sind, aber auch an die alten erschütternden Geschichten der Nazis müssen wir uns erinnern und sie weitererzählen, denn nur so können alte und junge Menschen von Vergangenheit und Gegenwart lernen und versuchen, nach vorn zu schauen, aber ohne Schikanen und ohne Unterdrückung.

Ich habe vorher erwähnt, dass meine Schwiegermutter ihren verwöhnten Sohn bevorzugte und ihre Tochter vernachlässigte und normalerweise sollt dieser Unterschied zwischen Geschwistern, vorallem in den westlichen Ländern, nicht passieren. Aber genau jetzt werden Sie erfahren, dass diese Schwiegermutter einen Unterschied zwischen die Kindern machte. Sie erinnern sich sicher an den Fall mit der uralten Spülmaschine, die meine Frau und ich als Geschenk zu unserer Hochzeit bekamen.

Gleich nachdem ihr verwöhnter Sohn oder, besser gesagt „das Muttersöhnchen“, heiratete, abgesehen davon, dass er eine Wohnung im Haus hatte, die mietfrei war, kaufte sie ihm das ganze neue Inventar für die Wohnung. Das war für mich egal, schließlich war sie nicht meine Mutter, aber warum sollte es meiner Frau egal sein? Und was mich aufhorchen ließ, war die neue Küche, die er bakam, und dabei die schönste Spülmaschine, und natürlich, natürlich funktionierte sie.

Oftmals stellte ich mir die Frage, warum meine Frau von ihrer eigenen Mutter diskriminiert und schlechter als ihr Bruder behandelt wird. Und nachdem ich bis jetzt die Hauptpersonen so ausführlich geschildert habe, könnte sich jeder die Antwort so vorstellen. Zum Beispiel könnte eine Antwort so lauten: weil ich nicht so heuchlerisch bin wie die Afrikanerin und meine Meinung offen sage, oder vielleicht weil ihre Totchter zu mir nach Amerika geflogen ist und das ohne die Erlaubnis ihrer Mutter oder vieleicht doch, dass sie ihren verwöhnten Sohn mehr liebt als ihre Tochter, oder vielleicht weil ich ihr mal sagte, dass sie ihre Nase nicht in unser Leben stecken sollte oder … oder … viele Antworten. aber nur vermutete Antworten. Ich bin aber auch zu einem Resultat gekommen, dass diese Frau auf ihre eigene Tochter eifersüchtig war. Sie wollte ihre Tochter immer unterdrücken und sehr klein (also, noch kleiner, als sie ist) halten, damit die Tochter ja nie wieder auf die Idee kommen sollte, ihrer Mutter die schau zu stehlen, wie in dem Abend, als meine Frau die schöne Kette auftrug und die Blicke und die Aufmerksamkeiten der anderen auf sich gezogen hatte.

Zur Abwechslung möchte ich einen Fall zu Papier bringen, der meinen Schwiegervater betrifft. Jawohl, das war der, der die Nazioffiziere gepriesen hatte und sie hochleben ließ und vorallem hatte er sie gewürdigt und sie als intelligent bezeichnet.

Seine Liebe zu den Nazis, wie er sie lobte, aber auch, wie er mit vollem Respekt über sei erzählte, und das konnte man, an seiner Mimik und Körpersprache erkennen, war Grund genug zu der Annahme, dass dieser Mann, basierend auf seinem Geburtsdatum (1934 oder 1935), ein „Hitlerjunge" gewesen sein musste. Und falls er ein „Hitlerjunge" gewesen war, wo ich es nicht mit hundertprozentiger Sicherheit behaupten kann, dass er das war, hatte er nicht aus der Geschichte gelernt? Sollten die zig Jahre, die vergangen waren, seit er ein Zehnjähriger war, ihm nichts beigebracht haben. Hatten ihn die spirituellen Besuche nicht gelehrt, dass der Mensch sich von der bösen Vorstellung und von der Einbildung, er sei besser als alle anderen, distanzieren sollte, damit er vielleicht durch eine reine Seele auf einen leichten Abgang hoffen durfte?

Sehr verehrte Leser, wie ich schon vorher erwähnte, schreibe ich die Ereignisse über die Hauptpersonen nicht systematisch und geordnet, weil ich normalerweise keine schwarze Liste über Personen führte, sondern ich distanzierte mich von ihnen mit dem Hintergrund, dass diese Menschen, böse sind. Und deswegen, während ich ein Ereignis über eine Person wegen ihre bösartigen Taten schreibe, werden meine Gefühle bewegt und das erste Ereignis wird als Anschlussdraht zu dem zweiten und zu dem dritten Ereignis sein.

Der Ratschlag meines Schwiegervaters, der die Kinder zum Sex ermutigte

Und jetzt gerade fiel mir dieser Fall ein.

Und mal wieder zeigte mein Schwiegervater mir, was vor ein hervorragendes Talent er besaß, das ich nur so beschreiben kann: der primitiviste und das niveaulosteste Kommentar, den ich jemals gehört und erlebt hatte. Anscheinend meinte er, dass er lustig sei.

Als er mal bei uns war, weil meine Tochter Jesika Geburtstag hatte, ich glaube, sie war gerade dreizehn geworden, saßen und aßen wir alle zusammen und natürlich war auch Jesika dabei, schließlich war das ja ihr Geburtstag, da sagte er zu meiner Tochter: „Hey, Jesika, nächstes Jahr geht es dann los?“ Und dabei klopfte er ein paarmal mit der flachen rechten Hand auf die gerollte, geschlossene linke Hand, wie ein Rohr. Als ob es das erste war, woran ein kleines Mädchen, das in Deutschland aufwuchs und gerade erst dreizehn geworden war, dachte, sich irgendeinen Jungen zu schnappen und mit ihm in die Kiste zu steigen.

In diesem Fall wurden alle roten Linien überschritten und ich konnte mich nicht zurück halten und gab ihm eine angemessene Antwort, die ihm natürlich nicht gefiel.

Ich sagte ihm, „warum ermutigst du jetzt schon ein kleines Mädchen, so was zu machen, obwohl das noch gar nicht in ihrem Kopf ist.“

Er schaute mich empört an und sagte: „Das habt ihr auch gemacht.“ Und dabei zeigte er auf meine Frau und mich. Dabei hatte er unfreiwillig seine Tochter verraten, dass sie schon mit dreizehen aktiv in der Kiste war, schliesslich hatte sie kennengelernt, als sie sechzehn Jahre und sechs Monate alt war und nicht dreizehen.

Ich antwortete ihm dann, dass seine Tochter, den Namen Mayer als Nachname habe, aber meine Tochter den Name Hamid.

Er ist dann rot wie eine Rübe geworden, weil er gedacht hatte, dass ich mich wie sonst auch nicht äußern würde. Also, er war total überrascht und war rot geworden. Er beleidigte mich oft und ich hatte ihm nie geantwortet, obwohl mir die deutschen Vokabeln nicht fehlten, aber ich respektierte ihn wie einen Vater, wie das eigentlich bei uns üblich ist.

Um nur ein Beispiel zu nennen, wo er mich und die ganze Welt, woher ich komme beleidigte: Das war, als meine Frau, die Kinder und ich bei ihm an seinem Geburtstag waren. Da nutzte er mal wieder seinen Charme, als im Fernsehen etwas über den Nahen Osten kam, und da sagte er: „Ich hoffen, dass die ganze arabische Welt, mit einem Strich vernichtet wird.“

Und obwohl dieser Satz ein gezielter Messer-Wurf in meine Brust war, hielt ich mich total zurück.

Sein Motto war: „Ich bin der Mann mit dem Hut, ich beleidige die anderen, und wenn sich irgendjemand wehrt, dann werde ich rot."

Als er über seine Tochter verraten hatte, dass sie schon mit dreizehn ihre Unschuld verloren hatte, hatte ich ihr danach gar kein Wort gesagt, weil es mir auch egal war. Warum sie mich angelogen hatte und mir nie was davon erzählte und ich so was von ihrem Vater erfahren musste, war mir völlig egal, weil ich sie kurz davor informiert hatte, dass ich mich von ihr trennen musste, weil das Leben nicht mehr erträglich war. Und ich hatte es schon mit ihr abgeschlossen.

Ich werde die nächsten paar Zeilen an meine Frau richten, schliesslich gehört sie, wenn sie das Buch liest, und dessen bin ich sicher, ja zu meinen Lesern und ich bin meinen Lesern verpflichtet, mit ihnen direkt und ehrlich zu sprechen.

Eine Nachricht mit den Gründen für die Trennung an meine Frau

Liebe Ursula, ich habe diesen Weg gewählt, um dir diese Nachricht zukommen zu lassen, weil ich weiß, dass du deine Konzentration nur einer Person und einer Sache widmest. Die Person ist deine Mutter und die Sache ist ein Buch und daher hoffe ich, dass du, während du mein Buch liest, dieser Nachricht deine Aufmerksamkeit schenken wirst.

Es ging nie um deine Person, sonst hätte ich dich nicht geheiratet, sondern es ging um die Person, die dich immer wieder geknetet hatte, so geknetet und umgeformt, als ob du mit ihr lebst und nicht mit mir.

Ich hatte das immer gesehen und oft erlebt, dass unsere Ehe zu dritt gewesen war, deine Mutter war die Hauptperson in unserer Ehe. Ich habe mich gefühlt wie das fünfte Rad am Wagen und das für viele Jahre.

Ich möchte dich bitten, dich in meine Lage zu versetzen, ich hatte zwar eine Frau, aber ihre Gedanken waren ganz woanders. Und weil ich dich nicht verlieren wollte, bat ich dich, und zwar sehr oft, dich von deiner Mutter ein bisschen abzunabeln.

Es gab eine Zeit, wo du mir vorwarfst, dass ich auf deine Mutter eifersüchtig gewesen war, weil ich dir immer wieder sagte: Warum bist du immer bei ihr? Dabei war ich nicht auf sie eifersüchtig sondern, ich wollte unser Leben retten.

Versetze dich in meine Lage, während du jeden Abend neben der Heizung gessesen warst und für viele Stunden einen Pullover nach dem anderen für deine Mutter gestrickt hast oder jeden Tag und schon ab Mittag ins Zimmer mit den Büchern gegangen bist und für drei Stunden gelesen hast. Nach dem Kaffee trinken machtest mit dem Lesen bis zum Abend weiter. Danach holtest du deine Strickschwerter und stricktest dann die Pullover für deine geliebte Mutter und das bis Mitternacht, wo ich schon lange im Bett war. Und sobald ich nicht daheim war, hast du die Kinder und alles vernachlässigt und gleich gingst du zu ihr.

Ob das Schicksal etwas hart mit dir war, denn, nachdem ich mich von dir trennte, trennte der liebe Gott auch deine Mutter von dir, weiß ich nicht.

Aber eine Sache weiß ich ganz genau, sie hat das Leben einer Familie kaputtgemacht. Dass du auch sehr krank geworden bist, war von mir weder gewollt noch gehofft.

Es tut mir leid, dir sagen zu müssen, dass der, der sich selbst nicht helfen will, von keinem mehr geholfen wird. Zuguterletzt wünsche ich dir gute Besserung. Und noch einmal möchte ich dir sagen, dass es mir leid tut, dass ich den Teil, der dich und die Schwiegereltern betrifft, veröffentlicht habe, aber ich hatte keine andere Möglichkeit, die Wahrheit ans Licht zu bringen, um mich von dem Druck, den ich für viele Jahre hatte, zu befreien. Wohlgemerkt, ich hatte mich bei vielen Sachen „noch” zurückgehalten, damit keiner zur Rechenschaft gezogen wird oder durch mentale und seelische Schwankungen verletzt wird.

Hoffentlich wird mein Buch für die Gesellschaft nützlich und eine Lektion sein, denn von wahren Geschichten lernen Menschen Lektionen. Ich möchte durch meine wahre Geschichte, die noch nicht zuende ist, an jede Schwiegerrmutter appelieren: Lasst eure Töchter ihr eigenes Leben leben und seid nicht Egoisten, indem ihr nur an euer eigenes Interesse denkt und dabei meint, dass ihr ihnen Ratschläge geben müsst, und das nur weil ihr älter seid und versucht das Sprichwort, das sagt, „wie die Mutter, so die Tochter” zu verwirklichen.

Und schliesslich sind eure Schwiegersöhne nicht wie eure Männer, sie haben andere Persönlichkeiten als eure Männer und ihr könnt das von den Töchtern nicht verlangen, dass sie genau auf eurer Linie marschieren müssen. Und vor allem haben die Schwiegersöhne eure Töchter geheiratet und nicht euch Schwiegermütter.

Ich würde auch an die Töchter appellieren, versucht euch von den Müttern abzunabeln und die Kindheit abzulegen.

Ich werde jetzt zu den Schikanen meiner Schwiegermutter zurückkehren.

Der Einfluss auf meine Frau und die Kinder war nicht zu übersehen, spürbar, und das nicht nur vor meiner Trennung von meiner Frau, sondern auch danach. Die Schwiegermutter intensivierte ihre verlogene und unfaire Mundpropaganda um mich bei den Leuten, die ich kenne, schlecht zu machen und einen schlechten Leumund zu ergattern. Und ihr Vorgehen machte sich selbstverständlich bemerkbar. Ich werde nur ein Beispiel geben, um das, was ich gerade schrieb, beweisen zu können.

Kurz nach der Ternnung ging ich zum Arzt, zu dem sie auch ging, und das schon seit zwanzig Jahren, und wenn ich mal die Versicherungskarte nicht dabei hatte, sagte mir die Praxis-Empfangsdame: „Kein Problem, bringen Sie sie nächste Mal mit, Herr Hamid."

Diesmal hatte ich mal wieder die Versicherungskarte nicht dabei, aber zu meiner Überraschung wurde mir die Behandlung verweigert und die Praxis-Empfangsdame, sie war wohl gemerkt die gleiche Dame, die seit zwanzig Jahren da war, bestand darauf, dass ich zurück nach Hause gehen müsse, um erst die Karte zu holen. Tatsächlich holte ich die Karte, kam zurück und wartete nebenan, keine zwei Minuten waren vorbei und ein Herr Fritz kam rein und sagte zu der Empfansdame: „Ich habe die Versicherungskarte nicht dabei, macht das was?“

Danach sagte die Dame wortwörtlich: „Das macht doch nichts Herr Fritz.”

Später, rief ich meine Frau an und fragte sie, ob ihre Mutter über mich in der Praxis schlecht gesprochen habe und erzählte ihr den Vorfall, danach sagte sie: „Ja, schon möglich, weil meine Mutter sauer auf dich ist.“

Es gibt aber auch viele andere Fälle, die ich hier nicht so präziser schreiben möchte, damit Ihnen, sehr verehrter Leser, nicht so langweilig wird.

Die Schwiegermutter rief auch bei verschiedenen Büros an und verbreitete lügen über mich. Ich konnte aber beweisen, dass das, was sie erzählte, nur Lügen seien, danach entschuldigte man sich bei mir.

Also, es hatte meiner Schwiegermutter nicht gereicht, dass sie unser Leben kaputt machte, sondern sie wollte auch die totale Vernichtung für mich.

Das instrumentalisieren meiner Frau durch ihre Mutter

Der Einfluss, den sie auf ihre Tochter ausübte, war nicht zu vermeiden, weil meine Frau sehr an ihrer Mutter klebte, aber es wäre schon möglich gewesen, den Einfluss auf die Kinder zu vermeiden, wenn meine Frau auf mich gehört und die Kinder ein bisschen von dieser Schwiegermutter ferngehalten hätte.

Sie hatte zum Beispiel natürlich durch meine Frau die Kinder ermutigt, mich total zu ignorieren und sogar frech zu mir zu sein. Und natürlich, lieber Leser, werde ich auch hier Beispiele schreiben müssen, um es beweisen zu können.

Sie nutzte praktisch ihre Tochter als ein Instrument, aber auch als „Schachfigur", könnte man sagen. Die Tochter musste ja die Befehle genau so, wie sie sie von ihrer Mutter erteilt bekam, aus führen.

Und das alles war vor den Kindern gewesen. Selbsverständlich wollten die Kinder bei der Mutter sein und den Grund dafür erwähnte ich vorher. Der Mutter und ihren Eltern war es egal, was aus den Kindern werden sollte und natürlich zieht ein Kind das leichte und lockere Leben vor, denn das Kind kann ja noch nicht wissen, was besser für es ist, und deswegen gibt es ja Eltern, die den Kirndern den richtigen Weg zeigen müssen.

Es ging mir körperlich schlecht, weil die Kinder nicht mehr zu mir kamen, und nachdem der Notarzt weg war, kam meine Frau, um was von der Wohnung abzuholen, und dabei hatte sie einen überflüssigen Satz parat: „Ich bin für dein Leben nicht verantwortlich.“ So, als ob sie den Satz loshaben wollte, bevor sie ihn vergisst.

Meine Frau wollte sich unbedingt einreden, dass es mir wegen ihr und ihrer Abwesenheit schlecht ging und nicht wegen der Kinder, und das ist ja normal bei Menschen, die Minderwertigkeitskomplexe haben.

Ein paar Tage später sah ich durch Zufall meine Tochter und sofort sagte sie mir, den selben Satz: „Ich bin für dein Leben nicht verantwortlich.” Bei einer Tochter war das normal, weil sie es leider, leider ihrer Mutter nachmachte.

Selbstverständlich war, diesen Satz von meiner Frau zu hören, total unfreundlich und abstoßend, aber sie hatte ja, die Befehle ihrer Mutter ausgeführt, schließlich sah meine Frau in ihrer Mutter das leuchtende Idol. Das leuchtende Idol, das nichts im Kopf hatte außer unser Leben zu verdunkeln, damit sie mit ihrer wahnsinnigen Vorstellung leben konnte, dass sie tatsächlich das leuchtende Idol auf dem Podest sei.

Aber was schon unglaublich gewesen war, war, dass sogar meine eigene Tochter, diesen Satz, „ich bin für dein Leben nicht verantwortlich”, nachplapperte, ohne Respekt ihrem eigenen Vater gegenüber zu zeigen.

Und das fing nur erst an, als meine Frau mit den Kindern zu ihrer Mutter wegen des Trennungsjahres ging. Da konnte man sehen, dass der bösartige Einfluss, den die Schwiegermutter auf meine Familie ausübte, sich an mehreren Generationen, bemerkbar machte. Ich versuchte immer, meine Kinder vor dem Bösen zu beschützen, und tatsächlich sah ich die Bösartigkeit bei den Schwiegereltern, weil sie unbedingt ihren Willen bei der Erziehung meiner Kinder durchsetzen wollten.

Dass ich unbedingt meine Kinder studieren lassen wollte, konnten sie nicht ertragen, aber Gott sei Dank konnten sie es nicht verhindern, schliesslich meinten sie, dass sie die besseren Erzieher wären und nicht ein Ägypter.

Diese Schwiegereltern, die die Nazis verherrlichten und die Fremden hassten, konnten es unmöglich über sich ergehen lassen, dass plötzlich ein Fremder her kommt, und ihnen eine Erziehungs-Linie zeigte, die bei meinen Kindern, trotz aller Versuche, die sie, um diese Erziehung zu kippen oder zu verhindern, unternahmen, einen riesen Erfolg brachte. Sie versuchten am meisten die Kinder mit Geld an sich zu reißen, was ihnen scheinbar gelungen war. Und dafür gabe es auch ein Beispiel.

Als mein Sohn sein Abitur bestanden hatte, bekam er von der Schwiegermutter Geld, um so ein altes Auto zu kaufen, aber mit der Bedingung, dass, wenn er das Auto kaufen sollte, ich davon nichts wissen sollte, und tatsächlich führte er die Anweisung aus, und das natürlich mit dem Segen der Mutter, die sowieso auch alle Anweisungen ihrer Mutter befolgte.

Und an einem Abend kam meine Frau, um sich von der Wohnung was abzuholen, und da fragte ich sie nach Jan, den ich mehr als einen Monat nicht gesehen hatte, und da sagte sie mir, ich solle ihn später anrufen.

Ich wartete nicht so lang und rief ihn an, ob er vorbeikommen könnte, und er sagte, „ja ich komme gleich“. Gerade war das wort „gleich“ ausgesprochen, da hörte ich die Stimme meiner Frau, die ihm sagte, „nein, geh nicht“. Und das war natürlich die Anweisung von dem Häptling (Schwiegermutter), die schon befolgt worden war.

Es mag schon sein, dass so präzise Zusammenhänge den Leser nicht interessieren, aber ich wollte die Dinge genau beschreiben, um zu zeigen, wie ein Mensch, der sich nach außen gut und lieb zeigt, in der Realität total anders ist, und vielleicht kann sich der Leser das Sprichwort „es ist nicht alles gold, was glänzt” gut merken.

Die Reue vor dem Tod wäre angebracht

Und weil ich den Rassismus durch das Schreiben, bekämpfen möchte, muss ich ja die Fälle, die mit mir als Ausländer passierten, genau erzählen und zwar die, die mit Fremden zu tun haben, aber auch, sehr wichtig, die, die mit der Familie meiner Frau zu tun haben weil sie musste ich oft sehen und treffen. Und obwohl ich das ungern tat, hatte ich es nie gezeigt, dass ich nicht zu den Schwiegerelteren gehen wollte, damit meine Frau ihre Fragen, „warum, wie und was“, nicht beantworten musste.

Jedes Mal, wo ich den Schwiegervater sah, hat er mich beleidigt, als ob ich sein Feind wäre. Ich weiß nicht, ob er das Buch noch lesen wird, schließlich weiß ich, dass er sehr krank ist. Aber falls er noch Zeit hat, um das Buch zu lesen und die unmenschlichen Beleidigungen, die er mir angetan hat, einzusehen und merkte, dass die Beleidigung anderer Menschen keine tolle Sache sind, dann wäre es angebracht, auch wenn es so spät wäre, sich zu entschuldigen.

Und falls er eine Gedächtnislücke durch seine Krankheit hat, dann würde ich ihn zwischendurch mit einem paar Fällen daran erinnern.

An einem Abend, es war der zweite Weihnachtstag, waren die Schwiegereltern bei uns eingeladen und natürlich waren meine Frau und ich, wie das bei uns üblich war, stundenlang in der Küche, um das Essen vorzubereiten.

Und mal wieder, während wir aßen, war das Thema Religion angeschnitten worden und mein Schwiegervater meinte, dass die Christen zu viel feieren, da machte ich einen kleinen Satz und zwar „die Muslime feiern auch viel", und seine Antwort darauf war: „Ich scheiße auf den Islam."

Eigentlich wusste er ganz genau, dass ich mit dem Thema Religion nichts zu tun habe, ich hatte nicht einmal eine Moschee von innen gesehen, aber sein Ziel war, mich schon wieder zu beleidigen, wohlgemerkt, dabei hatte er knapp zwei Milliarden Menschen provoziert und beleidigt.

Und wie ich Ihnen sagte, sehr verehrte Leser, ein Fall von ihm führte sofort zum nächsten und jedes Mal, wenn ich ihn sah, kam es mir vor, dass ich Hitler gegenübersitze, aber natürlich mit dem Unterschied, dass meinem Schwiegervater die Hände gebunden waren und er mir nichts antun konnte.

Jetzt gerade fällt mir schon wieder so ein primitiver Fall von ihm ein. Obwohl ich mich an alle diese Fälle erinnern kann, kann ich trotzdem diesen alten kranken Mann für seinen Neid und für seine Unwissenheit nur bemitleiden und alle seine beleidigenden Fälle waren nur, eine Bestätigung für mich, dass ich schon auf dem richtigen Weg bin. An einem Mittag musste meine Frau für ihren

Vater das Mittagessen kochen, weil ihre Mutter abwesend war, und genau in dieser Zeit hat das Reisebüro, bei dem meine Frau für uns eine Reise nach Ägypten gebucht hatte, angerufen. Meine Frau hatte das Reisebüro informiert, bei ihren Eltern anzurufen, falls es sich um die Mittagszeit handelte, und genau da am Mittag, wo meine Frau mich und die Kinder ohne Mittagessen zu Hause ließ und zu ihrem Vater ging, um für ihn zu kochen, rief das Reisebüro bei den Schwiegereltern gemäß der Anweisung meiner Frau an. Und da ging mein Schwiegervater ans Telefon und nahm den Hörer ab. Und als die Dame vom Reisebüro nach „Hamid“ fragte, antwortete er, „hier ist kein Hamid“, und sofort legte er den Hörer auf, und das, obwohl Meine Frau, Frau Hamid, nebenan in der Küche stand, um sein Mittagessen zu kochen. Als meine Frau zurück nach Hause kam, erzählte sie mir den Fall. Ich dachte mir, oh Gott, wie kann ein Mensch so unhöflich sein.

Einmal war ich wirklich so naiv, als ich ihn mal fragte, ob er weiß, wo die Winterreifen vom Auto seiner Tochter (meiner Frau) sein könnten, damit ich die Reifen wechseln kann. Eigentlich hatte mir meine Frau gesagt, ich soll ihren Vater fragen, wo die Reifen sind, schließlich gehörte das Auto ihm, und meine Frau durfte damit fahren. Also konnte nur er wissen, wo die Winterreifen waren. Und durch seine Antwort wusste ich, dass ich von dieser Person lieber Abstand halten sollte.

Er sagte … eigentlich sagte er gar nichts, alles, was er machte, war, mir mit der Hand so ein Zeichen zu geben, als ob er eine Fliege von seinem Gesicht wegscheuchte und natürlich die angemessene hässliche Mimik dazu, und er fuhr sofort weg.

Und einmal fragte ihn seine Tochter, ob wir eine Garage von den vielen leeren Garagen, die er hatte, benutzen können weil ein Marder auf den Geschmack gekommen sei und tagtäglich das Auto vom Atif besucht hatte, und das verursachte immer wieder hohe Reparaturkosten. Und natürlich können Sie die Antwort selbst erraten, sehr verehrter Leser.

Aber auch kann ich mich an den unmenschlichsten Fall, der von dem Schwiegervater ausging, erinnern. Der Fall hat zwar mit mir persönlich nichts zu tun, aber mit jedem Menschen, der Charakter hat, und von Charakter bei ihm konnte keine Rede sein. Und der Fall war: Als er sich in der schweren Zeit nicht durchsetzen konnte und sein Geschäft aufgeben musste, fanden sich natürlich seine Arbeiter auf der Straße wieder und wurden arbeitslos. Selbstverständlich, ist es in so einem Fall überall üblich, dass jeder Arbeiter, eine Abfindung als Dankeschön für seine geleistete Arbeit bekommt, aber auch dafür, um ihnen die harte

Zeit während der Arbeitslosigkeit, zu erleichtern, schliesslich war er ja nicht pleite gegangen, sondern er sah, dass es nicht mehr so einfach war. Es war nicht mehr so wie früher, als er mit seinem Geschäft anfing, wo das ganze Land nach dem Krieg kaputt war und jeder, der einen Stein auf einen anderen legen konnte, ein Baugeschäft eröffnen konnte, aber jetzt konnten die weiterkommen, die ein Studium absolviert hatten und ein bisschen logisch denken konnten.

Leider aber haben die Arbeiter keine müde Mark bekommen, und als Ausrede sagte die Schwiegermutter: „Wir können keine Abfindung bezahlen, sonst müssen wir eines von unseren Häusern verkaufen und eine Abfindung ist sowiso nicht gesetzlich verpflichtend."

Da sage ich: „Was für eine Unverschämtheit."

Selbstverständlich war eine Abfindung keine Pflicht, aber wie sieht es mit einem guten Charakter und guter Moral aus? Eigentlich waren diese Häuser, die sie haben, durch die harte Arbeit und den Schweiß dieser Arbeiter für viele Jahre gebaut worden. An Menschlichkeit und Moral dachten die Schwiegereltern gar nicht, alles, woran sie dachten, war: Häuser, Geld und Besitz, und solche Menschen besitzen zwar einen Körper, der aber „total leer", ohne Seele, ohne Moral und ohne Charakter ist, also wertlos wie ein unbrauchbarer Behälter.

Und zur Abwechslung werde ich einen Fall erzählen, der beweisen wird, dass alle Ausländer für die Deutschen verdächtig sind. Ja, genau so, die Ausländer werden ohne Grund verdächtigt, dass sie Diebe, Betrüger und Vergwaltiger sind, und sie sind auch der Grund, dass die Deutschen wenig Rente bekommen. Das erinnerte mich an Hitler mit seinem berühmten Spruch: „Die Juden, die Juden, die sind doch schuld."

An einem Nachmittag, nachdem meine Frau und ich zurück nach Hause kamen, meine Frau war bei ihrer Mutter zum Kaffee eingeladen gewesen und ich musste wie sonst auch mitgehen. Jetzt kommt das Lustige, kurze Zeit später rief die Schwiegermutter bei uns an, und als meine Frau ans Telefon ging, erzählte ihre Mutter ihr, dass sie einen Ring vermisse und ob Atif den Ring mitgehen ließ.

Und da sagte meine Frau ihr: „Ich glaube, Atif macht so was nicht."

Natürlich fühlte ich mich total schlecht und habe mir Gedanken gemacht, was passiert, wenn sie den Ring nicht findet, d.h. ich würde in ihren Augen ein Dieb bleiben. Ich wusste nicht, was ich machen sollte, schliesslich war ich kein Dieb, und warum verdächtigte sie nur mich, obwohl ihr Sohn z.B. eher der Dieb hätte sein können, er, der als Müttersöhnchen alles Mögliche trank und rauchte, und das war teuer.

Natürlich möchte ich auch hier sagen: Der Hass und die Vorurteile lassen grüssen.

Kurz danach, Gott sei Dank, rief sie wieder an und sagte, dass sie den Ring irgendwo fand und sie hatte vorher den Ring in eine Schublade rein getan, aber es vergessen. Es ist für mich irgendwie verwunderlich, denn anstatt, dass sie ihren kleinen Verstand angestrengt und versucht hat, sich daran zu erinnern, wo sie ihren super Ring hingetan hatte, rief sie gleich bei uns an und verdächtigt den Atif.

Natürlich kann man alle diese Fälle nicht so einfach vergessen, weil sie in der Seele Risse hinterlassen haben.

Also, sie fand den Ring, aber ich fand keine Ruhe. Es ist wirklich eine Befreiung, ja, eine große Befreiung, mein Anliegen zu Papier zu bringen. Und während ich schreibe und erzähle, was diese Menschen mir alles antaten, fühle ich mich total erleichtert. Ich fühle mich, als ob das ganze große Gewicht allmählich von meinem Brust runterrollt. Irgendwie höre ich eine Stimme, die um mich herum in der Luft schwebt und fragt: Warum hast du mit dem Schreiben nicht schon früher angefangen, wenn es dir beim Schreiben besser geht. Diese Stimme könnte die Stimme eines Lesers, aber auch meine eigene Stimme sein. Egal, wessen Stimme es ist, auf jedem Fall wird die Antwort meine eigene sein, und dessen bin ich ganz sicher.

Den Wunsch zu schreiben habe ich immer gehabt, auch als ich Teenager war, und ich schrieb viele Poesie, aber immer wieder hörte ich mit dem Schreiben auf. Eigentlich ist das Schreiben für mich das Beste, was mir passiern konnte, denn durch das Schreiben kamen meine eigene wahre Geschichte und dabei meine Gefühle zum Vorschein. Und ich muss sagen: Nichts ist schöner als irgendwas zu tun, wobei die Gefühle eine große Rolle spielten. Es ist genauso und nicht anders als beim Liebe machen, nur mit Gefühlen, können die Beteiligten etwas davon haben.

Die Fälle, die den Rassismus hier interpretieren, sind zahlreich, und alle deuten darauf hin, dass die Menschen hier von den Vorurteilen, aber auch von der erfundenen Vorstellung und Einbildung, dass sie etwas Bessers sind als andere, total besessen sind.

Ich würde gerne noch ein paar Fälle erzählen, die auch ganz gut zeigen können, wie die Menschen hier die Ausländer hassen und sie zu unrecht verdächtigen, schliesslich möchte ich hier, in diesem Buch viele ähnliche Fälle beschreiben und damit zeigen, was ein Ausländer hier alles erleben muss, und ich bin mir sehr sicher, dass kein Ausländer hier gerne leben möchte.

Und was mich betrifft, ich werde weiterhin in Deutschland leben, weil ich fast mein ganzes Leben hier in Deutschland verbracht habe, und ich fühle mich mit diesem Land verbunden, aber auch möchte ich nicht, dass die, die Vorurteile haben, sich darüber freuen, dass ein Ausländer weggeht.

Der Rassimus der Polizei, Fall 2

Sehr verehrter Leser, stellen Sie sich vor, Sie fahren auf der Straße Fahrrad, nach Hause, und während Sie fahren, sehen Sie im Gegenverkehr ein Polizeiauto. Sie radeln die letzten dreißig Meter weiter, bis Sie das Haus erreichen und prompt sehen Sie, dass das Polizeiauto gewendet hat und Sie ganz schnell verfolgt und der zwanzigjährige Polizist, obwohl Sie schon daheim waren, den Ausweis kontrolieren will und dabei auch noch fragt, ob das Fahrrad mir gehört. Und dieser Fall, erinnerte mich daran, als ich in Italien war, an die italienische Polizei, die aus Angst vor der Mafia vier Augen im Kopf haben und sich nicht nach einem Ausländer umschauen und ihn sofort verdächtigen muss, ein Fahrrad für ein paar Euro geklaut zu haben. Unglaublich, aber wahr.

Der Rassimus der Polizei, Fall 3

Ein anderer Fall: Ich bekam eine Vorladung von der Polizei, es sei ein Unfall passiert und der Unfallverursacher, der genau so ein Auto wie meines besitze, sei flüchtig. Ich fand das sehr normal, dass alle Fahrer, die die gleiche Automarke haben, kontrolliert werden müssen. Was ich aber nicht normal fand, war das, was mir der Polizist auf der Polizeiwache sagte. Er sagte: „Herr Hamid, ich habe Sie schon am Telefon aufgrund Ihres Namen verdächtigt."

Ich dachte mir, Oh gott, Hitler ist schon lange tot, aber sein Blut fließt weiter in den Adern der Menschen.

Obwohl diese Fälle total ausländerfeindlich sind, finde ich sie alle gleichermaßen dumm und lächerlich, als ob die, die diese Streiche machten, gerade aus der Klapsmühle frei gelassen worden wären.

Falsche Anschuldigungen gegen Ausländer

Der nächste Fall, den ich jetzt erzählen werde, wird zeigen, dass diese Menschen, die alle Ausländer verdächtigen, wirklich nicht normal sind.

An einem Vormittag, ging ich zum Arzt und, wie es üblich ist, wartet man im Wartezimmer. Während ich wartete, kam eine ältere Dame rein und sie musste auch warten. Die ältere Dame setzte sich neben mich, ohne guten Tag zu sagen.

Kurz danch stand sie auf und ging zur Wand, die maximum ein Meter und dreissig zentimeter von ihrem Stuhl war, um sich ein Bild an zuschauen. Als die Damenach drei Sekunden fertig war, drehte sie sich, schaute zu ihrem Stuhl und sagte plötzlich sie zu mir: „Wo haben Sie jetzt meine Tasche hingetan."

Als ich den Satz von der Dame hörte, wusste ich gar nicht, worüber sie redete oder was sie überhaupt meinte.

Nachdem sie ihren Stuhl erreicht hatte, sagte sie dann: „ Ach, da bist du."

In diesem Moment, und nur in diesem Moment, schaute ich auch zu ihrem Stuhl, um zu sehen, was sie meinte. Und da sah ich, dass sie zu ihrer Tasche sprach, die Tasche, die nach ihrer Fantasie durch mich weggetan worden war, aber plötzlich war die Tasche doch auf dem Stuhl, genau so wie sie sie hinterlassen hatte, und kein Mensch hatte ihre Tasche berührt.

Und wenn ich jetzt zusammenfassen darf: Also, die Dame war sehr alt und sah sehr schlecht. Als sie einen Meter von ihrem Stuhl entfernt war, sah sie ihre Tasche nicht und sofort meinte sie, dass ihre Tasche von mir gestohlen worden war. Und wenn ich noch einen obligatorischen Kommentar zu diesem Fall sagen dürfte: Die alte Dame war mindestens achtundachtzig jahre alt, und das erste, woran sie dachte, falls sie irgendwas verlieren sollte, auch wenn das nur in ihrer Fantasie war, war, dass der Dieb ein Ausländer sein musste.

Es geht nicht nur um die Dame, aber es geht auch um die nachfolgenden Generationen, die das giftige Blut dieser Dame geerbt hatten und genauso ihrer Fantasiewelt folgen werden und nicht die Wirklichkeit von der Fantasie würden unterscheiden können.

Dieser Fall ist ähnlich wie der Fall, den ich schon vorher erwähnt habe, der mit der Schwiegermutter passierte, als sie ihren Ring genauso wie diese alte Dame in ihrer Fantasie-Welt verlor und sofort mich verdächtigt hatte.

Es ist wirklich traurig, aber wahr, traurig, weil die Ausländer in Deutschland als nichts anderes als Diebe und Terroristen gesehen werden.

Und wie ich schon sagte, ein primitiver Fall führt zum nächsten.

Der nächste Fall war ähnlich wie der Fall mit der alten Dame in der Praxis, aber dieses Mal ereignete er sich in der Luft, ich meine im Flugzeug.

Auf dem Flug von Deutschland nach Kairo hatte ich mal wieder die Ehre, neben einer deutschen alten Dame, die nach Ägypten flog, zu sitzen. Die Dame war nicht unter achtzig Jahre alt und sie träumte davon, einen Ägypter zu heiraten, das hatte sie mir während des Fluges erzählt, und als sie mir das erzählte, dachte ich mir: „Oh Gott, hoffentlich, überlebt die Frau diesen Flug, weil sie an das Heiraten sehr konzentriert dachte, und das war schon für ihr Alter und ihre Gesundheit sehr strapazierend.

Zwischendurch wollte die alte Dame auf die Toilette, sie hatte aber so eine Tasche, die sie nicht mit sich auf die Toilette nehmen wollte, aber sie hatte Angst, ihre Tasche in meiner Nähe allein zulassen. Ich bemerkte ihr Problem und wie sie schnell irgendeine Lösung zu finden versuchte, aber auf keinen Fall ihre Tasche in meiner Nähe allein lassen wolle. Wohlgemerkt, sie war auf dem Weg nach Ägypten und wollte sogar einen Ägypter heiraten.

Ich merkte aber, dass sie schnell auf die Toilette musste, dann schlug ich ihr vor, dass wir zusammen auf die Toilette gehen, natürlich auf zwei unterschiedliche Toiletten, und damit wäre ja von mir, keine Gefahr für ihre Tasche vorhanden, aber auch ihr Stuhl würde sauber bleiben, worauf ich sehr grossen Wert legte.

Die Angst, die Deutsche vor Ausländern haben, und warum sie Ausländern gegenüber total zurückhaltend sind, ist mir unerklärlich. Wenn man sieht, wie sich Deutsche Ausländern gegenüber verhalten, könnte man meinen, dass sie nicht nur gegen ein bestimmtes Volk oder bestimmtes Land, sondern gegen alle fremden Menschen sind. Aber vor allem sind sie total gegen die, die eine schöne gesunde dunkle Hautfarbe haben. Eigentlich sollte es umgekehrt sein. Ich meine, dass dunkelhäutige Menschen Angst vor den Deutschen haben sollten.

Schliesslich hatten die Deutschen zur Kolonialzeit schlimme Greueltaten gegen die Afrikaner verübt.

Selbstversändlich, sollte man das, was ich gerade schrieb, nicht als Verallgemeinerung sehen, schliesslich sollte man auch die Aufnahme der Flüchtlinge hier in Deutschland anerkennen und der humanistische Leistung Deutschlands Respekt zollen.

Wohlgemerkt muss ich auch hinzufügen, dass in manchen Situationen die Ausländer von den Deutschen bejubelt werden, auch wenn sie dunkelhäutig sind, wichtig ist aber, dass diese Ausländer irgendwas für Deutschland leisten können, auch wenn es um ein Tor beim Fussball geht.

Und wie das hier in Deutschland üblich ist: Der Ausländer, der irgendwas für Deutschland leisten könnte, egal, welche Hautfarbe er hat, es wird ihm gleich der deutsche Pass angeboten und er wird als Deutscher bezeichnet, aber wenn irgendein Ausländer, der schon einen deutschen Pass besäße, nichts für Deutschland leistete, wird er als Afrikaner mit einem deutschen Pass bezeichnet.

Wahrscheinlich, nachdem mein Buch hier gelesen wird, werde ich als Ägypter mit deuschem Pass bezeichnet.

Eigentlich würde mich die Bezeichnung gar nicht interessieren. Was mich interessiert, ist, dass ich das Land liebe und es mir wunderbar hier geht, vor allem, dass ich von meinen deutschen Nachbarn gemocht und als netter Mann bezeichnet werde (hoffentlich, werden ein paar junge blonde, hübsche Frauen in mein Hochhaus, einziehen). Aber trotzdem werde ich weiterhin durch das „Schreiben“ den Rassimus bekämpfen.

Und nach diesem Zwischenkommentar möchte ich zu den Fällen, die diesem Ausländer „Atif“ passierten, zurückkehren, schliesslich, wie ich schon sagte, möchte ich alle meine Anliegen, an die ich mich erinnere, zu Papier bringen.

Die Abrechnung meiner Frau

Ich werde hier in diesem Kapitel beschreiben, wie meine Frau, natürlich von ihrer Mutter abgesegnet, ihre Rache wegen der Trennung an mir nahm und systematisch gegen mich vorging, um mich total von den Kindern zu isolieren und mich zu verletzen.

Ich muss aber im Voraus sagen, dass die Taktik und die Grausamkeit, die meine Frau gegen mich unternahm, die Ausführung der Anweisung ihrer Mutter war. Aber meiner Frau war es schon recht, diese primitiven Anweisungen ihrer Eltern auszuführen, schließlich hatte sie nie erwarten können, dass ich mich von ihr trennen würde, und das hatte ihren Stolz total verletzt und anscheinend war das für sie in dem Dorf, wo sie und ihre große Familie wohnten, sehr blamabel.

Und ich sehe das, was mir angetan worden ist, natürlich als Rache, die von den Schwiegereltern geplant worden war.

Also, die Taktik war, dass ich mich total schlecht und einsam fühle und von den Kindern total isoliert bin.

Eigentlich ist das überhaupt nicht übertrieben, wenn ich sage, dass sie mich total seelisch und damit auch körperlich zerstören wollte. Auch der Notfarzt, der bei mir war, sagte mir, dass es möglich sei, dass die seelischen Schmerzen, die ich wegen der Kinder hatte, auf die Organe rüberspringen könnten.

Der lächerliche Satz, den ich von meiner Frau hörte und nicht vergessen kann, ist, folgender … Als der Notarzt, der bei mir war und sie fragte, was mit mir sei und warum geht es mir so schlecht, sagte sie: „weil Atif mit mir leben will." Und das war der Beweis dafür, dass die Minderwertigkeitskomplexe meiner Frau, die mit Lügen gespitzt, unverantwortlich und nicht zu übersehen waren.

Sie hatte mit Fleiß daran gearbeitet, dass ich mich sehr schlecht fühle und von den Kindern isoliert bleibe, indem sie mich nicht besuchten oder anriefen. Ich sollte mich aber auch unnütz fühlen, indem sie selbst, statt der Kindern, zu mir kam, um meine Unterschrift, die die Kinder für ihr Studium einmal jährlich brauchten, abzuholen, und obwohl das eine gute Gelegenheit gewesen wäre, die Kinder zu sehen und mich von ihnen selbst über ihr Studium, das mein Ziel für sie war, zu informieren, tat sie ihr Bestes, um das zu verhindern.

Es gab auch so kleine Dinge, die ich aus unserer gemeinsamen Wohnung, mitnehmen wollte, wie zum Beispiel mein kleines Klavier zum Ablenken oder ein paar Teller und Gläser, aus denen ich zwanzig Jahre lang ass und trank, und zwar für die

Erinnerung, oder meine Reisetasche, die ich gern hatte, aber ich durfte gar nichts mitnehmen.

Meine Frau hielt sich für schlau, dabei aber vewechselte sie die Klugheit mit dem niedrigsten Niveau der Menschlichkeit. Sie hatte ihr primitives Ziel für viele Jahre verfolgt, mit der Hoffnung, dass mir durch diesen unmöglichen Druck was Schlimmes passieren könnte, und damit, würde sie ihre Minderwertigkeitskomplexe in Sieg und Ruhm verwandeln.

Und damit würde sie ihrer Vorstellung nach vor ihrer großen Familien als Super-Frau dastehen.

Für meine Frau tat es mir wirklich Leid, denn durch zufällige Treffen mit Mitgliedern ihrer Familie konnte ich erfahren, dass ihre Familie das schon wusste, dass es mir wegen der Kinder, die mich nicht besuchten, schlecht ging, aber sie ließen meine Frau einfach quasseln, damit sie nicht in Verlegenheit gebracht werden sollte.

Ich werde später was über diese Familie erzählen, weil sie mitgeholfen hatten, dass meine Frau heute total unterernährt, magersüchtig und sehr krank ist, aber auch, wie sie meinen Leumund durch Mund-zu-Mund-Propagande und verbreitete Lügen zu ruinieren versuchten.

Die Manipulation der Kinder durch meine Frau

Was meine Frau, sich alles überlegte, um die Kinder zu manipulieren und mich von ihnen zu isolieren, war total unfair und sehr primitiv.

Der einzige Joker, den meine Frau in der Hand hatte, um sich wegen der Trennung zu rächen, waren die Kinder.

Sie hatte versucht und ihr war sogar gelungen, dass die Kinder vor mir Angst haben. Sie hatte zum Beispiel den Kindern gesagt, dass, wenn sie mich besuchten, ich gewalttätig werden könnte, und vor allem zu meiner Tochter Jesika sagte sie, dass Papa möglicherweise diesen sogenannten „Ehrenmord" ausführen könnte, und natürlich bekam die Tochter Angst, obwohl meine Kinder genau wussten, dass ich immer bereit war, mein Leben für sie zu opfern. Schliesslich sage ich auch nicht, dass alle Deutschen Schwule und Lesben sind.

Also, meine Frau sagte zu meiner Tochter, dass sie mich nicht besuchen sollte, weil ich eventuell, gewalttätig werden könnte, aber gleichzeitig kam meine Frau zu mir in meine Wohnung, und zwar allein, weil sie sich ein Hintertürchen offen halten wollte.

Und das letzte Mal, trank sie sogar einen Kamillentee, und ich sollte den Teebeutel nicht so lange im Heißwasser lassen, aber auch die Teebeutel-

Schnur nicht, wie üblich, um den Löffel fest wickeln damit die Tee-Extrakte verlorengehen könnten. Anscheinend hatte ihr jemand, der sich für schlau hielt, gesagt, sie sollte das nicht mehr machen. Hoffentlich kann er ihr auch jetzt sagen, wie sie die Gifte, die ihr Immunsystem ruinierten, aus ihrem Körper bekommt, um sich gesund zu machen.

Also, wie man sieht, gab es von Seiten meiner Frau nur Lügen, Hinterhältigkeit und alles Mögliche, nur um mich von den Kindern zu isolieren damit es mir schlecht gehen sollte und tatsächlich, es ist ihr gelungen und ich war dem Tod sehr nah.

Und hier, weil ich an Gott glaube, kann ich nur sagen, dass der einzige, der für die Bestrafung, verantwortlich war, der liebe Gottist, und tatsächlich war die Strafe Gottes für ihre Familie, die unser Leben kaputt machte, zügig da, aber auch meine Frau ist nicht heil davongekommen.

Die Kinder der Mutter kampflos überlassen

Obwohl es mir wegen der Kinder sehr sehr schlecht ging, und das ist gar nicht übertrieben, hatte ich nicht einmal versucht, um sie zu kämpfen, obwohl meine Frau den Satz „kämpfe um deine Tochter“ zu mir sagte, aber weil ich gleich dahinter kam, warum sie das sagte, tat ich ihr den Gefallen nicht, weil ich ihre bösartige Absicht sofort durchschaute. Dass ich um meine Tochter, wie es meine Frau wollte, nicht kämpfte hatte, hatte eigentlich zwei Gründe.

Der erste Grund war, dass meine Tochter bei ihrer Mutter im Haus der Schwiegereltern gewesen war, und ich sah meine Frau nicht als Feind, also gegen wen sollte ich kämpfen?

Der zweite Grund, und das war die böse Absicht meiner Frau, war, dass ich zu meiner Tochter, die bei den Schwiegereltern war, die Schwiegereltern, die Nazioffiziere verherrlichten, gehen sollte, und selbstverständlich, sobald sie mich, auch von weitem sehen oder hören würden, würden sie sofort die Polizei anrufen und der Polizei, irgend ein Lied singen, und natürlich, sobald die Polizei erfahren würde, dass ich ein Ausländer zweiter Kategorie bin, würden sie sich freuen und schnell mit entsicherten Waffen kommen und schießen, was schon oft in Deutschland passierte, weil sich die Polizei in so einem Fall wegen der Konsequenzen, keine Sorgen machen würde, schließlich konnten sie sich alles, aber wirklich alles Mögliche in ihrem Bericht einfallen lassen und schreiben, z.B. die übliche Ausrede, dass, als die Polizei den Tatort erreichte, sie auf einen Ausländer traf. natürlich wird hier das Wort „zweite Kategorie“ nicht geschrieben, der soooo brutal, gewalttätig und eine grosse Bedrohung für alle Menschen, die im Haus der Schwiegereltern, gewesen waren, war, und damit gab es endlich einen Ausländer weniger.

Und das war eigentlich das Ziel meiner Frau, als sie mir sagte: „Kämpfe um deine Tochter.“ Und damit könnte sie auch vor ihrer Familie und den Menschen im Dorf ihren eigenen Bericht schreiben, dass ich zu ihr gegangen sei, und zwar nicht wegen meiner Tochter, sondern wegen ihr.

Selbstverständlich befolgte ich in diesem Fall die Provokation meiner Frau, die sich für schlau hielt, nicht und ließ meinen Gefühlen nicht freien Lauf, sondern benutzte meinen Verstand. Und damit ist viel mehr erreicht worden.

Es ist unglablich, aber wahr, wie konnte meine Frau, nachdem wir zwanzig Jahre zusammengelebt hatten, aber auch zwei Kinder hatten, und vor allem nach so einer großen Liebesgeschichte, mich so verraten und in die Falle tappen lassen, dass ich von der Polizei erschossen werden sollte, und das alles, damit sie bei ihrer Familie angeben könnte, um so zu tun, als ob es mir sooo schlecht ging wegen ihrer Schönheit und nicht wegen der Sehnsucht nach meinen Kindern. Der Grund, dass meine Frau ihr bestes tat, um mich von den Kindern zu isolieren, war nur wegen ihrer Rache gegen mich, aber dabei, wusste sie auch sehr genau, dass den Kindern damit ein guter Vater verlorengehen würde und den Kindern damit kein Gefallen getan worden war, schliesslich beschrieb sie mich immer als ein sehr guter Vater und das sagte sie, sogar nach unserer Trennung, aber natürlich nie nie in der Anwesenheit der Kinder.

Dass meine Frau die Anweisungen der Schwiegereltern, einen Krieg gegen mich zu führen, befolgte, war total hart und absolute unfair, schliesslich kenne ich in Deutschland keinen anderen Menschen außer meiner kleinen Familie.

Der Rassimus der Polizei und die Verherrlichung der Taten der Neonazis, Fall 4

Der Rassismus in Deutschland traf nicht nur mich, sondern auch meine Kinder. Ich hatte eine Tochter und ihren Bruder, der angeblich mein Sohn sein sollte. Es hat viele Gründe, warum ich ihn so beschreibe, worüber ich hier nicht reden möchte.

Schliesslich war die Erziehung meiner Kinder von den Schwiegereltern total beeinflusst. Ich kann nur sagen, dass meine Frau mein Vertrauen missbrauchte und das sagt eigentlich schon alles.

Zurück zu dem Falll der Polizei, den ich erzählen wollte.

Als mein Sohn in der Grundschule gewesen war, war mit ihm auch in der gleichen Klass, ein Junge, der zwei Jahre älter als mein Sohn war, aber auch körprlich war er viel größer und er machte Kampfsport. Dieser Junge wohnte auch in der gleichen Straße, wo wir wohnten, und spielte im gleichen Spielpatz, wo mein Sohn auch spielte.

Eines Tages kam mein Sohn aus der Schule und erzählte, dass dieser Junge, der Cazzo hieß, ihn wieder geschlagen hatte, und zwar mit Karateschlägen. Als er das Wort „wieder“ sagte, wusste ich, dass dieser Cazzo meinen Sohn oft geschlagen hatte. Ich beobachtete, als mein Sohn auf den Spielplaz ging, dass Cazzo auch kam, und das erste, was er machte, war, meinen Sohn als Sandsack zu betrachten und mit Karateschläge zu hauen und dabei Hitlerlieder zu singen.

Meine Frau rief die Polizei an und erzählte der Polizei, dass der Junge Cazzo unseren Sohn schlägt und dabei Nazi-Lieder singt, und ich hörte, wie meine Frau dem Polizisten ein paar Worte von dem Lied vorsang und danach gab es eine kleine Diskussion mit dem Polizisten, weil er behauptete, dass das Lied nichts mit Hitler zu tun hätte. Also, als die Polizei den Nachnamen meiner Frau am Telefon hörte, hatten sie sich geweigert zu kommen und von dem verbotenen Hitlerlied wollten sie auch nichts wissen. Der Polizist, der jünger als meine Frau gewesen war und höchstens einen Realschuleabschluss hatte, wusste plötzlich viel besser Bescheid als meine Frau, die älter ist und einen akademischen Abschluss hat. Aber auch durch ihren Stammbaum hätte sie beweisen können, dass sie eine richtige Deutsche ist. Was ich mit dem Wort richtige Deutsche sagen möchte, ist, dass sie keine russische Produktion war, und das heisst, dass ihre Grossmutter nicht von einem russischen Soldaten, als Hitler den Krieg verlor, vegewaltigt worden war.

Ich musste meinen Sohn zur Schule begleiten um ihn vor diesem Cazzo, der ein echter Hitler-Jünger wäre, zu beschützen.

Und als mal wieder mein Sohn angegriffen worden war und wieder die Polizei von meiner Frau angerufen wurde, reagierte die Polizei beim Namen Hamid gar nicht und lehnte es ab, eine Anzeige von uns aufzunehmen.

Also, wir respektieren das Gesetz, aber die Polizei ist anscheinend nicht für alle da. Obwohl ihr Gehalt von der Steuer, die jeder Mensch in Deutschland, auch die, die „Hamid“ heissen, bezahlt wurde, bekam mein Sohn keinen Schutz von der Polizei, aber auch eine Anzeige wollte der Polizist nicht aufnehmen.

Ein drittes Mal, und zwar in meiner Anwesenheit, ist mein Sohn, geschlagen worden, abgesehen von früher, wo er viele Male geschlagen worden war und meine Frau verheimlichte es mir. Und da musste ich was unternehmen für den Schutz meines Sohnes, weil die Polizei uns, ich meine „Hamid“, im Stich ließ. Als ich mal wieder sah, dass mein Sohn angegriffen wurde, ging ich zu diesem Hitler-Jünger, der Cazzo hieß, und schimpfte mit ihm, er sollte meinen Sohn in Ruhe lassen und mit den Hitler-Liedern aufhören, und dabei zog ich ihn ein bisschen am Ohr, wie es eigentlich jeder Mensch mit so einem frechen Jungen machen würde, damit er mich ernst nehmen sollte. Cazzo gab mir eine sehr freche Antwort, die sich wie eine Drohung angehört hatte, und zwar „ich zeige es dir!“.

Am nächsten Tag bekam ich, eine Vorladung von der Polizei. Ich sollte zur Polizei kommen, weil der Vater von dem Jungen, also der große Herr Cazzo persönlich, mich angezeigt hatte.

Als ich bei der Polizei war, fand ich den Polizisten, der unsere Anzeige nicht aufnehmen wollte und die Lieder des frechen Hitler-Jüngers genehmigt hatte.

Also, ich fasse zusammen: Der Polizist, der jünger als meine Frau war und mit Realschulabschluss Polizist geworden war und mit uns „akademischer Familie" diskutierte und damit die Hitler-Lieder genehmigt hatte und bei dem wir drei Mal angerufen hatten, dass die Polizei kommen sollte, und der nie von uns eine Anzeige aufnehmen wollte interessierte sich plötzlich für den Fall und nahm eine Anzeige gegen mich auf, weil derjenige, der mich anzeigte, der große Herr Cazzo war.

Die Polizei ist schon dein Freund und Helfer.

Gerade höre ich das Echo, das ganz laut schreit und sagt: „Der Slogan, gilt nicht für dich, Herr Hamid."

Und da sage ich: Das war der Rassismus der Polizei, Fall 4, es werden aber noch welche kommen.

Und bevor ich das Kapitel schließe, möchte ich Sie, sehr verehrter Leser, informieren, dass dieser Junge, der Cazzo hiess, die Schule verließ, in Gärten geschlafen hatte und nicht nach Hause gekommen war und aus ihm ein Versager gewordern ist. Also war die gute und manchmal strenge Erziehung der richtige Weg gewesen, um etwas aus seinem Kind zu machen, auch wenn das einige Kinder, die viel Hitler-Blut in ihren Adern, und zwar mehr, als sein müsste, hatten, nicht einsehen.

Hitler und seine Erbe

Der vorherigen Fall und die nächsten zwei Fälle, können nur zeigen, dass Hitlers Blut noch in den Adern der Menschen fließt.

Es ist sehr verwunderlich, dass das vergiftete Blut sogar in den Adern der Kinder fließt, obwohl diese Kinder in Hitlers Zeit nicht da gewesen waren, und das ist natürlich der Beweis dafür, dass diese Kinder richtige Nazis sind.

Diese Kinder werden in Deutschland, als Neonazis bezeichnet. Meiner Meinung nach sind diese Kinder, Jugendlichen und Erwachsene absolut richtige Nazis. Diese Kinder leben mit ihren Eltern, die uralte Nazis sind, und sicherlich haben die Kinder von den Eltern gelernt und machen es ihnen nach. Und das Nachmachen der Eltern ist für die Eltern natürlich eine große Freude.

Wie ich schon in dem vorherigen Fall mit dem Jungen Cazzo erwähnte, wurden sogar meine Kinder von den Nazis schickaniert und geschlagen, und wir bekamen bei der Polizei keine Hilfe.

Dieser nächste Fall passierte auch mit meinem Sohn, aber der Täter hieß dieses Mal „Culo“ und er war auch so ein Nazi aber im Vergleich zu meinem Sohn, was den Körperbau betrifft, war dieser Nazi Culo ein Koloss.

Mein Sohn war sieben jahre alt und noch in der Grundschule. Er war aber, wahrscheinlich wegen seines Aussehens, das nicht besonders deutsch war, von einem großen Jungen, der auch in der gleichen Straße wohnte, belästigt worden, und ich würde anhand seines Körperbaus sagen, dass er mindenstens vierzehn Jahre alt war und unheimlich groß für sein Alter.

Eines Tages kam mein Sohn vom dem Spielplatz, er war total verängstigt und erzählte uns, dass der große Junge ihn bedroht und körperlich angefasst und meinen Sohn in eine bestimmte Richtung geschoben hatte, und dabei hatte er von meinem Sohn verlangte, mit ihm in einen dunklen Keller, wo dieser Junge wohnte, zu gehen.

Meine Frau hatte nicht reagiert, weil sie die Dimensionen dieses Falles nicht erkannte. Hier musste ich ganz schnell irgendwas unternehmen, damit dieser Nazi-Jünger meinen Sohn in Ruhe lässt. Die Polizei wollte ja davon nichts wissen. Schliesslich ist ein Vater dazu da, um seine Kinder zu beschützen. Besonders in diesem Fall hätte ich, falls ich nichts getan hätte, meinen Sohn diesem jungen Schläger überlassen, der ihn mit Gewalt in den dunklen Keller mitnehmen wollte. Vielleicht wäre mein Sohn von diesem Jungen vergewaltigt worden war und damit wäre das Leben meines Sohns, seelisch und körperlich für immer ruiniert gewesen.

Warscheinlich hatte meine Frau sich gedacht, dass dieser viel größere, fremdenfeindliche Junge mit meinem Sohn in dem dunklen Keller ein Versteckspiel machen wollte.

Auf jedem Fall war es sehr wichtig, dem Jungen Nazi klarzumachen, dass, falls er meinen Sohn nicht in Ruhe ließ, es ihm schlechtgehen würde.

Culo hatte es kapiert und meinen Sohn in Ruhe gelassen und ihn nie wieder belästigt, aber auch in seine Nähe kam er nicht mehr.

Der nächste Fall wird mal wieder zeigen, dass das, was mit meinen Kindern passierte, keine Einzelfälle waren. Dieses Mal, passierte es meiner Tochter Jesika, die vier Jahre alt war.

Eines Tages kam meine Tochter weinend vom Spielplatz nach Hause und hatte in ihrem Bauch große Schmerzen, und dabei erzählte sie, dass ein großer Junger, sie in den Bauch getreten hatte.

Ich ging mit ihr sofort zum Notarzt, weil ich Angst hatte, dass irgendein Organ verletzt worden war. Sie hatte den Jungen so beschrieben: „Papa, Papa, der Junge ist so groß wie du, Papa.“

Und natürlich dachte ich mir, dass der Fuß-tritt von so einem großen Jungen eine Blutung verursachen könnte, und deswegen ging ich sofort mit meiner Tochter zum Arzt.

Der Notarzt sagte: „Wir sollten sie beobachten und falls die Schmerzen nicht aufhören sollten, dann sollte sie ins Krankenhaus eingeliefert werden.“

Als meine Tochter und ich die Arztpraxis verließen und auf dem Weg nach Hause waren, zeigte mir meine Tochter diesen Jungen.

Dieser Junge hieß Buco di Culo und war sehr groß, er war größer als ich.

Ich sprach mit ihm mit der gleichen ernsthaften Methode, die ich mit Cazzo und mit Culo verwendete.

Scheinbar hatte auch dieser Buco di Culo wie seine vorherigen Nazi-Freunde Cazzo und Culo es kapiert und nie wieder meine Tochter angefasst.

Meine Tochter, die heute ihre eigene Familie hat, wird sich, wenn sie das Kapitel hier liest, totlachen, weil sie auch, wie ihr Papa, fünfsprachig ist.

Ja, meine Tochter Jesika, die ich mehr als fünfzehn Jahre nicht geshen habe, werde ich mit Sicherheit nie treffen. Durch die E-Mail, die ich von ihr nach fünfzehn Jahren bekam, darüber schrieb ich in meinem Buch „die Enttäuschung“, wurde ich inspiriert. Diese E-Mail war wie ein dreifach gebogenes Ventil, das den Druck der Enttäuschung, aber auch den Druck der Traurigkeit in hohem Maße erhöht, aber dadurch wurde ich inspiriert und fing zu schreiben an, und kann nicht mehr aufhören, und ganz zuletzt, durch das Schreiben, wurde ich von diesem Druck befreit und durch diese große Erleichterung bekam ich am Schreiben eine große Freude.

Ich dachte mir, dass mein erstes Buch mit dem Titel „Die Enttäuschung“ das erste und das letzte Buch sein würde, aber irgendwie war es, als ob ein Talent, das in mir im Tiefschlaf gewesen war, zum Leben erweckt wurde, und mit Sicherheit war dieser Moment dafür verantwortlich, in dem ich die E-Mail von Jesika bekam.

Irgendwie, wenn ich einen Tag nicht schreiben würde, fühle ich mich, als ob irgendwas, mich ruft und meine Finger anfangen zu jucken. Mal was schönes.

Danke, Jesika!

Der Rassimus der Polizei, Fall 5, und die verbrannte Leiche des Schwarzen

Hier in diesem Kapitel möchte ich über den Fall des Schwarzafrikaner berichten, der über Nacht in einer Zelle der Polizei verbrannt und getötet worden war. Und die Polizisten kamen damit davon, als ob nichts passiert war, schliesslich war der Afrikaner, der aus Westafrika kam, ja nur ein Neger.

Eigentlich werde ich jetzt für das, was die Polizisten in ihrem Bericht geschrieben hatten, eine Wiederholung schreiben, schließlich sahen wir alle das, was in diesem Bericht geschrieben worden war, im Fensehen. Danach, werde ich die Todesursache, die die Polizisten in ihrem Bericht, angegeben hatten, die aber meiner Meinung nach nicht der Wahrheit entspricht, mit einer genauen logischen Erklärung widerlegen, und auch mit logischen Schlüssen die Wahrheit, und zwar die „Ursache des Tötens" und nicht die „Ursache des Todes" ans Licht bringen, und damit wird hoffentlich als Konsequenz der Fall des Afrikaners wieder aufgenommen werden und die Wahrheit ans Licht gebracht, damit die Polizisten sich an den Eid, den sie bei der Polizei, geleistet haben, halten müssen.

Im Bericht der Polizei stand:

1. Der Afrikaner war in einer Zelle im Keller der Polizeidienststelle, mit Handschelln an seinem Bett gefesselt. Der Grund für die Fesselung war, dass der Afrikaner randalierte.

2. Der Afrikaner, hatte in seiner Hosentasche ein Feuerzeug, das die Polizisten bei der Untersuchung übersehen hatten, und angeblich hatte er sich mit diesem Feuerzeug angezündet.

3. Die Polizisten, gaben auch an, dass die Bild- und Stimmenübertragung blockiert war, weil die Kamera und das Mikrofon kaputt waren, und deswegen konnten die Polizisten den angezündeten Afrikaner nicht sehen, aber auch seine Schreie nicht hören.

4. Die Polizisten, gaben auch an, dass die Leiche des Afrikaners nur durch Zufall entdeckt worden war, weil ein Polizist in den Keller ging

Ich fasse zusammen:

Der Afrikaner, randalierte, musste in einer Zelle im Keller der Polizeidienststelle mit einem Feuerzeug in seiner Hosentasche an seinem Bett mit Handschellen gefesselt bleiben und die Bild- und Stimmenübertragung war blockiert, weil die Geräte kaputt waren und durch Zufall war die Leiche des Afrikaners entdeckt worden, weil ein Polizist, zufällig in den Keller ging.

Und ich nehme an, dass der Afrikaner nur an einer Hand mit Handschellen ans Bett gefesselt gewesen war, weil er ja angeblich, mit der freien Hand, das Feuerzeug aus seiner Hosentaschen holte und sich anzündete.

Kritische Fragen:

1. Warum eigentlich, musste der Afrikaner überhaupt ans Bett gefesselt werden? Vielleicht, weil die Zelle offen und ohne Tür war oder weil er vielleicht randalierte und die wertvollsten Möbel und Antiquitäten, die in der Hotel Suite der Polizei waren, nicht kaputtgehen sollten?
2. Wie konnten die Polizisten das Feuerzeug in der Hosentasche des Afrikaners übersehen, obwohl jede Person, die verhaftet wurde, vorher einer körperlichen Durchsuchung ausgesetzt war und dabei wird in den Anus geguckt wird? Und das sage ich nicht aus eigener Erfahrung, sondern man hatte es oft im Fernsehen gesehen.
3. Falls der Afrikaner für seine eigene Sicherheit gefesselt gewesen war, weil er randalierte, hätte er möglicherweise ohne Fesseln ein Bett-

Bein durchsägen und daraus ein scharfes Schwert herstellen und sich damit den Kopf abschneiden können. Warum hatte die Polizei denn, nachdem sie eine solche Gefahr sah, den Afrikaner nicht in eine andere Zelle gebracht, wo die Kameras funktionierten, damit sie ihn beobachten konnten?

4. Falls es bei dieser Polizeidienstelle nur eine einzige Zelle, und sogar ohne Übertragung, gab, warum war der Afrikaner ohne Beobachtung durch Augenkontakt gewesen? Schliesslich hatte sich die Polizei ja Sorgen um ihr eigenes Leben gemacht, und deswegen fesselten sie ihn ans Bett mit Handschellen, obwohl die Zelle eine dicke Tür aus Stahl hatte.
5. Der Afrikaner war ans Bett gefesselt und die Zelle konnte nicht beobachtet werden, weil die Übertragung nicht funktionierte, was hätte der Afrikaner machen sollen, falls er gesundheitliche Probleme bekommen hätte, zum Beispiel eine Atemnot, und Hilfe bräuchte? Und wie sah es mit Toiletten aus, so viel ich weiß müssen auch Schwarze ab und zu auf die Toilette gehen.
6. Falls der Afrikaner so durcheinander gewesen war, warum war ihm keine medizinische Hilfe angeboten worden?

Ich glaube, durche diese oberen Fragen, die keine Möglichkeit für irgendeine faule Ausrede lassen, könnte man sich diesen Fall so vorstellen:

Möglicherweise ging der Afrikaner mit den Polizisten nicht behutsam um und sagte irgend ein ernstes Wort in Englisch oder in Deutsch, und dadurch fühlte sich der Häuptling, ich meine der Polizist, beleidigt und meinte, wenn ein blauäugiger Polizist von einem Neger beleidigt würde, dann müsste dieser Neger den qualvollsten und grausamsten Tod sterben und zwar durch verbrennen oder erschießen. Und die Polizisten meinten, ob der Afrikaner durch verbrennen, erschießen oder vergasen getötet wird, ist doch egal, alle Methoden dienen zur Vernichtung der Ausländer und es lebe das Vaterland „Deutschland".

Die Polizisten wählten aber dieses Mal das Töten durch verbrennen, wahrscheinlich, um festzustellen, ob der Fleischgeruch des Negers muffig ist, einen starken Geruch hat oder vielleicht doch total ohne Odor sei, weil das verbrannte Fleisch, das durch den Brandanschlag und die feige Tat, die im nordrhein-westfälischen Solingen am frühen Morgen des 29. Mai 1993, wo fünf Menschen, starben, nicht dunkel genug war.

Und diese rassistischen Fälle, werden nie aufhören, solange die bei den Verantwortlichen nicht durchgegriffen wird und die Täter hart bestraft werden. Nur so können alle Menschen in Deutschland friedlich zusammenleben.

Ich hoffe, dass irgedjemand von den Verantwortlichen, das Buch liest und das nötige veranlasst.

Der Jacks-Onkel-Fall und die UN

Und genau hier in diesem Kapitel möchte ich von einem Fall berichten, den mein Freund Jack in Florenz erzählte und den ich verschob, weil ich ihn genau hier zu Papier bringen möchte.

Der Fall hatte mit Jacks Onkel zu tun. In dieser Zeit. als Jack mit mir in Italien war, war sein Onkel in einem nicht demokratischen Land. Jack erzählte mir, dass sein Onkel ein Buch geschrieben hatte, in dem er den Regierungsapparat und manche Leute scharf kritisierte. Er hatte sich über die Resonanz des Buches Sorgen gemacht, er meinte, dass die Reaktionen für ihn negative Folgen haben könnten. Und deswegen hatte sein Onkel bestimmte Vorkehrungen getroffen, die er für seine eigene Person als Schutzmaßnahme sah.

Der Onkel hatte ein Exemplar seines Buches, an die UN (Die Vereinten Nationen für Menschenrechte) gesandt, und bat sie, sich von Zeit zu Zeit nach ihm zu erkundigen. Er bat auch seine Freunde sich nach ihm von Zeit zu Zeit zu erkundigen, und falls von ihm nichts hören sein würde, dann sollten sie sich an die UN wenden und den Fall publizieren.

Ich muss sagen, dass der Onkel von Jack ein intelligenter Mensch gewesen war, aber Gott sei Dank lebe ich in einem demokratischen Land und darf meine Meinung offen sagen und schreiben.

Die drei Wünsche meiner Frau

Ein paar Jahre nach der Trennung von meiner Frau und natürlich von den Kindern, weil meine Frau mir gesagt hatte, „wenn du mich nicht willst, dann kannst du die Kinder auch vergessen“, kam meine Frau bei mir vorbei, aber nicht zu meiner Wohnung sondern zu der Bäckerei, wo ich immer saß und eine Tasse Kaffee trank, und tat sie so, als ob sie eine Brezel kaufen wollte.

Also, sie wollte eine einzige Brezel von dieser Bäckerei, die mindestens 8 km von ihrem Haus entfernt war und, wie die Leute sagen, keine besonders gute Backware hatte, kaufen, wohlgemerkt, bei dieser Bäckerei kaufte sie nie irgend was, weil es eine bessere Bäckerei in ihrer Nähe gab.

Als ich sie in diese Bäckerei hinein gehen sah, weil ich draußen saß, wurde mir plötzlich klar, dass sie,ein Gespräch mit mir suchte. Sie hätte sich das Kaufen der Brezel also sparen können.

Nachdem sie ihre Brezel gekauft hatte, kam sie zu mir und fragte mich, ob sie sich zu mir setzen dürfte.

Meine Antwort zu war alles andere als sanft und das hatte seine Gründe, ich antworte ihr, dass jeder Säufer sich hier hinsetzen kann, schliesslich sei das ein öffentliches Café und ich könne nicht den ganzen Tisch für mich allein beanspruchen.

Gründe für eine solche Antwort hatte ich wirklich genug.

Erstmal hatte sie sich von ihrer Eltern, die mich wie die Pest hassten, instrumentalisieren lassen und alles Mögliche getan, um mich seelisch und dann körperlich zu vernichten, und als sie mich noch munter sah, meinte sie, sie könnte ein Gespräch zum Versöhnen suchen.

In dieser Zeit lebte ihre Mutter noch, ihre Mutter die, das Leben ihrer eigenen Tochter kaputt machte, und als die Tochter das vielleicht merkte, dann suchte sie die Nähe zu mir, was leider von meiner Seite zu spät war. Als ich meine Frau sah, sah sie genau wie eine Miniatur ihrer Mutter aus, und das war für mich das Schlimmste, das Schlimmste, dass sie genau, dem Aussehen ihrer Mutter nacheiferte.

Meine Frau hatte schöne lange Haare. Ich hatte sie sogar in meinem Buch „die Enttäuschung“ als das Mädchen mit den blauen Augen und den schönen langen blonden Haaren erwähnt, aber weil sie ihrer Mutter nacheifern wollte, schnitt sie diese schöne Haare ab und machte sich genau die gleiche Frisur wie ihre Mutter.

Und da fragte ich sie: „Mit den Haaren hat es geklappt, und jetzt siehst du wie sie aus, aber wie sieht es aus mit den Brüsten, wie würdest du solche Hügel hinkriegen, und wie bekommst du auch so einen Kängurubeutel wie den, den sie hat?“

Sie versuchte mit irgendeiner Ausrede ein Gespräch zu suchen, wozu ich aber nicht bereit war, weil die seelische Wunde, die sie mir verursacht hatte, und zwar, als sie mich von den Kindern isolierte, noch frisch war.

Als sie das spürte, dass das noch nicht die richtige Zeit war, versuchte sie ein bisschen anzugeben und zwar durch eine Ausrede, die weder klug noch logisch, war. Sie meinte, dass sie zu mir gekommen sei, um nur ihre drei Wünsche zu äußern:

1. Sie wünschte sich, dass es mir, Atif, gut gehen sollte.
2. Sie wünschte sich, dass ich ein gutes Verhältnis zu den Kindern haben sollte.
3. Sie wünschte sich, dass sie und ich eine Freundschaft haben sollten.

Hier sage ich: „Mich laust der Affe."

Ich glaube, wenn meine Frau das Wort Logik in ihrem Wörterbuch gesehen und die Bedutung des wortes verstanden hätte, hätte sie mir gegenüber solche drei Lügen nicht aufgetischt.

Wie konnte sie einen solchen Wunsch äußern, dass es mir gut gehen sollte, während sie diejenige war, die mir die Hölle, wie sie es mir versprach, zeigte, und zwar durch meine Isolierung von den Kindern.

Wie konnte sie einen solchen Wunsch äußern, dass es ein gutes Verhältnis zwischen mir und den Kindern geben sollte, während sie diejenige war, die den Kindern verboten hatte, zu mir zu kommen.

Wie konnte sie einen solchen Wunsch äußern, dass zwischen uns beiden ein gutes Verhältnis stattfinden sollte, während sie diejenige war, die mich seelisch und körperlich vernichten wollte, oder hatte sie vielleicht ihre Ratschläge mir gegenüber vergessen, und zwar, ich sollte Rattengift essen oder gegen einen Baum fahren.

Ich glaube, meine Moral, verbietet mir, mit solch einer „Mörderin" wie sie irgend ein Verhältnis zu haben. Wahrscheinlich war es für sie vielleicht ein bisschen schwer, das Giftgas, „Zyklon B", das ihre Vorgänger für das Töten von fremden Menschen benutzten, zu besorgen, und deswegen schlug sie mir vor, stattdessen, Rattengift zu benutzen. Ich sollte also hier in Deutschland, und zwar von ihr empfohlen, Rattengift essen, und jedesmal, als sie mit mir in Ägypten war, kaufte ich für sie Aqua filtrate e purificata (gefiltertes und destilliertes Wasser).

Eigentlich ist sie in den Augen des Gesetzes eine „Mörderin", weil sie mich, als ich starke Depressionen hatte, zum Essen von Rattengift ermutigt hatte, und selbstverständlich wäre es schon möglich gewesen, ihren giftigen Ratschlag zu befolgen, weil ich sehr krank war.

Es ist wirklich eine Schande, zwei Kinder mit ihr gemacht zu haben, falls sie überhaupt meine eigenen sind. Dankeschön.

Und weil wir das Thema „Gift“ angeschnitten haben, möchte ich dir, „liebe Frau“, eine Frage stellen: Wie sieht es aus mit dem göttlichen Gift, das du aus der Luft bekamst und dein Immunsystem lahm legte.

Glaube mir, das ist keine Schadenfreude, aber ich glaube an Gott und an die göttliche Strafe.

Die Krankheit meiner Frau, die sie durch ihre eigene Familie bekam

Eigentlich war meine Frau sehr gesund und hatte, solange wir zusammen waren, gar keine Gesundheitsprobleme.

Plötzlich beobachtete ich, dass sie ganz wenig aß, und das bei jeder Mahlzeit. Ich wusste nicht, was los war, aber ich dachte, vielleicht hatte sie gerade keinen Appetit und irgendwann würde sie wieder normal essen. Sie machte weiter mit ihrer Diät und die Portionen auf ihrem Teller wurden immer weniger. Als ich sie fragte, was mit ihr los sei, sagte sie mir, dass sie dafür mehr Kuchen isst, das war natürlich gelogen, weil das Wort Wahrheit für sie ein Fremdwort war.

Ich merkte schon, dass sie abnimmt, und wusste immer noch nicht, warum sie mit solch einer aggressiven Diät anfing.

An einem Geburtstag von irgendjemandem hatte sich die Familie von meiner Frau mal wieder versammelt und dabei waren zwei Mädchen, die von Natur aus sehr dünn waren. Und auf einmal hörte ich, wie die Tante von meiner Frau die zwei dünnen Mädchen verherrlichte. Ich merkte schon, dass meine Frau große Ohren für das, was ihre Tante sagte, machte, aber ich dachte nie, dass sie den zwei dünnen Mädchen nacheifern wollte

Diese Tante war durch ihr Quasseln bekannt und durch ihre Quasselei, dass die zwei dünnen Mädchen eine schöne Figur hatten und bla bla bla beeinflusste sie meine Frau und genau hier, an diesem Abend, wusste ich, warum meine Frau diese extreme Diäte machte, weil diese Tante zu meiner Frau sagte: „Ursula, Jetzt kannst du dich neben die zwei dünnen Mädchen setzen.“ Und anscheinend gefiel das meiner Frau.

Meine Frau machte mit ihrer Diät weiter, aber sehr extrem und als ich ihr sagte, sie soll damit aufhören, weil sie die erforderliche Menge an Nahrung nicht zu sich nahm und das selbstverständlich keine Stütze für ihr Immunsystem sei, blieb das natürlich ohne Beachtung.

Für mich war gar nicht klar, warum meine Frau den zwei dünnen Mädchen nach eifern wollte, schliesslich hatte meine Frau einen ganzen anderen Körperbau als diese Mädchen, und wenn ich damals, als ich meine Frau geheiratet hatte, die Wahl zwischen die zwei Mädchen und meiner Frau gehabt hätte, selbstverständlich hätte ich meine Frau gewählt, sie ist viel hübscher als alle beiden zusammen. Warum war sie denn nicht selbstbewsst und ließ sich von dieser Quasseltante beeinflussen und ihre eigene Gesundheit durch diese Diät ruinieren.

Genau eine Woche vor unserer Trennung, waren wir, meine Frau und ich, im Krankenhaus, um die Tochter zu besuchen und da sah ich die erste Auswirkung der Diät, die sie machte und zwar die

„Hypoglykämie“ (starke Absenkung des Blutzuckers), sie kippte im Krankenhaus um und musste liegen bleiben und was trinken.

Danach hatten wir uns getrennt und ich bekam keine Informationen mehr über die weiteren Auswirkungen der Diät, bis wir uns vor kurzem trafen.

Mehr über die Folgen ihrer Diät lesen Sie im nächsten Kapitel.

Das Treffen mit meiner Frau und die neue, schlaue Methode

Nach fünfzehn Jahren Trennung, in denen ich überhaupt keine Informationen über die Kinder und meine Frau hatte, bekam ich plözlichvon meiner Tochter die bekannte E-Mail, die E-Mail, die die Erde unter meinen Füßen beben ließ und meine Nerven schüttelte.

Über diese E-Mail von meiner Tochter schrieb ich genug in meinem Buch „Die Enttäuschung“, eigentlich war diese E-Mail der Grund, warum ich zu schreiben angefangen hatte und nicht mehr aufhören kann. Obwohl die E-Mail ein grausamer, gefühlloser, undankbarer und ein harter Schlag war, war sie aber auch, gleichzeitig eine Inspiration, um mein erstes Manskript für mein erstes Buch schreiben zu können.

Es ging nicht um die E-Mail, die mir meine Tochter nach fünfzehn Jahren schrieb, überhaupt nicht, im Gegenteil, ich hätte mich sogar gefreut, wenn ich in dieser E-Mail ein kleines Wort, wie zum Beispiel „Papa, es tu mir leid“ oder „Papa, ich vermisse dich“ oder „Papa, ich war ein Kind und jetzt weiß ich, dass das von mir nicht in Ordnung war“ oder „Papa, ich möchte dich sehen, um dir alles zu erzählen, was wir versäumt haben“ gelesen hätte, schliesslich war ich bereit, mein Leben für sie so opfern, falls das für ihre Rettung, nötig gewesen wäre, aber stattdessen sagte sie mir, in dieser E-Mail: „Papa, falls du mit mir reden willst, dann kannst du hier und nur hier via Email was schreiben, und nicht so oft.“

Diese E-Mail machte es für mich unmöglich, irgend einen Neubeginn mit meiner Tochter anzufangen, sie war aber auch der Beweis, dass ich leider keine Kinder habe, obwohl ich so gerne welche hätte. Diese E-Mail war von meiner Tochter zu mir gesandt worden, nicht weil sie mich vermisste, nein, sie schrieb diese E-Mail nach der Anweisung ihrer Mutter. Ich durchschaute sofort das Spielchen – meine Frau wollte mal wieder meine Tochter als „Joker“ benutzen, um durch sie Kontak zu mir aufnehmen zu können. Für mich war nur eine Option offen, und zwar dass meine Frau vielleicht schwer krank war und sie wollte, dass unsere Tochter eine Verbindung zu einem Elternteil haben sollte. Ich wollte sichergehen und schrieb eine E-Mail an meine Frau und fragte sie, ob die Sache tasächlich so ist, wie ich sie mir vorstellte, dass sie krank sei und ob sie die Tochter ermutigt hatte, mir diese E-Mail zu senden.

Einen Tag später antwortete mir meine Frau und ich konnte zwischen den Zeilen lesen, dass es ihr total peinlich war, dass ich sie durchschaute. Die meisten Frauen werden in so einem Fall total agressiv und meine Frau ist eine von denen.

Sie schrieb mir, dass sie nicht krank ist und sie die Tochter gar nicht ermutigt hatte, irgendetwas zumachen, was natürlich gelogen war. Das gaben sie selbst ohne es zu merken zu, und zwar in dem Treffen, um das sie mich in der gleichen E-Mail bat. Ich versuchte zu erfahren, warum sie dieses Treffen wollte, schliesslich gab es nichts mehr, worüber wir reden mussten. Meine Frau wollte nicht sagen, worüber sie reden möchte und bestand auf einem Treffen.

Ich ahnte, dass sie über unsere mögliche Versöhnung reden wollte und dachte mir, ich gehe zu dem Treffen, ich würde mich aber nicht setzen und maximal fünf Minuten bleiben. Schliesslich hatte ich nach dem, was mir angetan worden war, mit meiner Frau abgeschlossen, aber auch das kleine Licht, das von sehr weit weg noch schimmerte, dass ich mit meiner Tochter vielleicht, einen neuen Beginn anfangen würde, war durch die E-Mail, die meine Tochter nach der Anweisung ihrer Mutter mir gesandt hatte, definitiv erloschen.

Ich ging zu dem Café, wo wir uns treffen sollten. Sie war aber noch nicht da. Ich nahm kurz Platz und wollte mir nichts bestellen, weil ich mir dachte, ich würde höchstens drei Minuten auf sie warten, dann aber gehe ich wieder.

Dann kam sie ins Café und was ich sah, war total erschreckend, ich hatte gründlich hinschauen müssen, um sicherzugehen, dass meine Frau doch meine Frau war. Meine Frau, war, wie man so schön sagte, nur noch ein Schatten ihrer selbst. Sie sah total schrecklich aus, total unterernährt. Wie sie so magersüchtig geworden war, war für mich ein Rätsel. Sie war noch viel dünner als die zwei dünnen Mädchen aus ihrer Familie, denen meine Frau nacheifern wollte, aber natürlich mit dem Unterschied, dass die zwei dünnen Mädchen solch einen dünnen Körperbau von Natur aus und keine übrige leere Haut hatten so wie meine Frau nach dem Abnehmen, und dazu sahen sie gar nicht so krank aus wie meine Frau, die schreklich krank aussah.

Meine Frau, sagte mir gleich, dass sie krank sei und sie wollte mir diese Nachricht online nicht sagen, und dass unsere Tochter von diesem Treffen wusste, und sogar von der E-Mail, die ich an meine Frau gesandt hatte, um zu fragen, ob sie meine Tochter ermutigt hatte, mir eine E-Mail nach fünfzehn Jahren zu schreiben.

Als ich sie fragte, was für eine Krankheit sie hatte, antwortete sie, es sei eine Autoimmunnerkrankung.

Die Nachricht von der Krankheit meiner Frau, vor allem, als sie mir sagte, dass sie innerhalb von 18 Monaten, wie die Ärzte ihr sagten, im Rollstuhl sitzen würde, hat mich total hart getroffen, und die Tränen kullerten mir über die Wangen.

Obwohl meine Frau mich von den Kindern total isoliert hatte, was für mich wortwörtlich die Hölle gewesen war, war sie mir aber trotzdem gar nicht egal und würde mir nie egal sein.

Es ist aber schade, dass sie durch ihre Sturheit, auch dünn werden zu wollen, eine agressive Diät begann, wovor ich sie warnte. Ich hatte sie darum gebeten, eine solche Diät nicht zu machen, aber natürlich dachte sie, dass nur ein Europär was davon verstehen könnte, und damit machte sie sich selbst krank, weil ihr Körper die erforderliche tägliche Menge an Nahrung nicht bekam und mit der Zeit ihr Immunsystem schlapp machte. Die Sturheit meiner Frau, dass sie sich von mir nichts sagen ließ, war der Grund, dass sie praktisch alles verloren hatte und nichts mehr davon rückgängig gemacht werden konnte. Durch ihre Minderwertigkeitskomplexe und die agressive Diät verlor sie ihre Gesundheit. Durch ihre Sturheit und das Instrumentalisieren von ihrer eingenen Mutter gegen mich verlor sie ihren Mann. Durch ihren Egoismus und meine Isolierung von den Kindern verlor unsere eigene Tochter ihren guten Papa, der noch am Leben ist, wohl gemerkt das Wort „ein guter Papa“ erwähnte meine Frau selbst, und zwar nach der Trennung, aber natürlich nie in der Anwesenheit der Kinder.

Was meine Frau mit diesem Treffen erreichen wollte, war für mich ganz klar. Meine Frau wusste, dass ich ein weiches Herz hatte und sie wusste ganz genau, wie sie das ausnutzen könnte. Mit diesem Treffen wollte sie erreichen, das ich ein schlechtes Gewissen haben sollte, schliesslich mag sie gar nicht, wenn es mir besser als ihr geht.

Als wir über die Tochter sprachen und ich ihr sagte, dass mit der Tochter wegen ihrer E-Mail alles vorbei sei, meinte sie, dass ich später mit der Tochter wieder reden und einen Neubeginn anfangen sollte. Sie sagte das nicht, weil sie vielleicht durch ihre Krankheit sterben würde und die Tochter eine Verbindung zu dem Vater haben sollte, überhaupt nicht, denn gleichzeitig erkundigte sie sich über meine kleine Wohnung, in der wir im Urlaub in Ägypten waren. Erwähnen muss ich auch, dass sie auch nach unserer Trennung, verlangte, dass sie später mit mir in Ägypten leben will und zwar den ganzen Winter und in Deutschland den ganzen Sommer.

Also, was sie mit dem Satz, ich soll mit der Tochter später reden, erreichen wollte, war, dass wir später wieder zueinander finden und zusammen in Ägypten, wie sie sich oft wünschte, leben sollten, und natürlich wollte sie auch, dass die Tochter uns in Ägypten besucht.

Mit Sicherheit möchte jetzt ein Leser wissen, warum dann später und nicht jetzt. Die Antwort werden Sie in den nächsten drei bis vier Sätzen erfahren.

Der Schwiegervater lebte seit sieben Jahren allein, nachdem seine Frau gestorben war, und obwohl er reich ist und sich eine Haushälterin leisten könnte, besteht erdarauf, dass seine unterernährte kranke Tochter für ihn kocht und seinen Haushalt macht. Und das habe ich erfahren, als meine Frau und ich im Café saßen und während wir sprachen, stand sie auf und sagte, „ich muss gehen und für meinen Vater kochen“. Und sie müsse sich auch überlegen, was sie für ihn am Sonntag kochen würde. Meine Frau konnte nicht einmal ihr Teeglas tragen, musste aber für ihren reichen Vater, der sich locker eine Haushälterin leisten konnte, kochen. An seiner Stelle würde ich für meine kranke Tochter kochen und sogar ihren Haushalt machen.

Also, ich würde mit Sicherheit sagen, dass meine Frau spekuliert, dass der Schwiegervater, irgenwann seiner Frau ins Jenseits nachfolgen wird, und damit meinte sie, sie könnte mich dann wieder wie in Amerika um den Finger wickeln und neu anfangen.

Dabei hatte sie übersehen, dass wir beide möglicherweise vor ihm sterben könnten schließlich leben die bösen Menschen am längsten.

Meine Heilung durch die Sex-Therapie

Stellen Sie sich vor, dass ein Mensch ein Jahr lang nicht richtig essen könnte, nicht richtig atmen könnte und das schlimmste, nicht schlafen könnte und der Grund dafür war, dass dieser Mensch, der ich bin, große Sehnsucht nach seinen Kindern hatte. Die Kinder lebten mit der Mutter in der Nähe, aber laut der Anweisungen der Mutter, die wiederum ihre Anweisungen von ihrer Mutter bekam, durfte ich die Kinder nicht sehen.

Es hört sich an, als ob das normal wäre und viele Männer solche Probleme hätten, aber für mich war das die schlimmste Zeit, die ich je erlebt hatte. Gleich am ersten Tag, als die Kinder mit der Mutter die Wohnung verließen, brach die Hölle los.

Normalerweise, wenn wir alle frei hatten, und zwar am Wochenende, zum Beispiel an einem Samstag, stand ich ein bisschen später als meine Frau auf, nicht, weil ich noch schlief, sondern weil ich auf meine Tochter wartete, die mich zum Frühstück abholen sollte. Meine kleine schlaue Tochter hatte das nicht umsonst gemacht, sie wusste schon, dass sie vom Schlafzimmer bis zur Küche getragen wird, und das gefiel ihr.

An einem Morgen, sehr früh, der auch ein Samstag war, als ob meine Frau, genau diesen Wochentag wählte, stand ich auf, aber ganz anders als sonst. Ich stand auf, aber von einem Gefühl der Depression überwältigt. Ich war noch schläfrig, aber trotzdem bin ich aufgestanden, denn irgendetwas ließ mich nicht in Ruhe schlafen. Plötzlich fing ich an, zu suchen, aber wonach ich suchte, konnte ich es noch nicht realisieren. Als ich aus dem Schlafzimmer kam und einen Blick in die Küche warf, merkte ich, dass dort niemand saß, und in diesem Moment ging mir ein Licht auf, dass gestern meine Frau mit den Kindern übereinstimmend, zu ihrer Mutter gegangen waren, und der vorherige Zustand, dass die Kinder in meiner Küche und nicht in der Küche meiner Schwiegermutter saßen sollten, konnte nicht wiederhergestellt werden.

Also war ich auf der Suche nach meinen Kindern. Und obwohl ich sicher war, dass die Kinder nicht mehr da waren, setzte ich die Suche nach ihnen fort. Ich ging in das Zimmer meiner Tochter und suchte, aber leider war sie nicht da. Dann ging ich in ein anderes Zimmer, dieses war aber auch leider leer und niemand war da, dann ging ich mal wieder in die Küche und dachte mir, vielleicht sind sie drinnen, aber leider waren sie doch nicht da.

Und ab diesem Moment fing für mich ein flammendes Inferno an. Ich rief sofort bei der Schwiegermutter an, um mit meiner Frau, die vorläufig bei ihrer Mutter lebte, zu sprechen. Ich wollte meiner Frau, die gerade nicht da war, sagen, dass sie mit den Kindern zurückkommen sollte und wir eine andere Lösung als diese Trennung finden sollten, weil ich ohne die Kinder nicht leben kann.

Aber sobald meine Schwiegermutter meine Stimme, hörte, fing sie gleich an, mit mir zu streiten. Ich wusste schon, dass sie alles Mögliche tun würde, damit meine Frau und ich nicht wieder zueinander finden würden, schließlich war es ja ihr Traum, mich loszuwerden, damit sie ihre Tochter wiederhaben konnte. Trotzdem versuchte ich, sie daran zu erinnern, dass das, was sie macht, nicht in Ordnung sei, schliesslich hatte ich ihr dabei geholfen, ihren Mann zu beruhigen, der sich von ihr scheiden lassen wollte, weil er sie bei dem Inhalieren von Fleischbrühe erwischt hatte. Sie meinte, das war was anderes, und goss Benzin ins Feuer zwischen mir und meiner Frau.

In diesem Jahr, wo ich ohne die Kinder lebte, oder besser gesagt, überlebte, versuchte ich, irgendeine Methode zu finden, um mich von diesem Inferno zu retten, ich wollte aber nicht zum Arzt gehen, der sofort Medikamente verschreiben würed und das wollte ich unbedingt verhindern, weil es möglich gewesen wäre, dass ich von solchen Medikamenten abhängig werden könnte.

Ich flog mehrmals nach Ägypten, um Unterstützung zu finden, aber leider konnten die Menschen in Ägypten mir nicht helfen, bis ich auf einmal etwas entdeckte, was mir aus diesem Inferno half, und das war Sex.

In Deutschland, wollte ich aber kein richtiges Verhältnis mehr mit irgendeiner deutschen Frau anfangen, schliesslich war die Hölle, die ich mit meiner deutschen Frau erlebt hatte, mehr als genug.

Ich flog nach Ägypten und durch meine Familie, konnte ich ein junges hübschs Mädchen kennenlernen, das mir wirklich aus diesem Inferno rauszukommen half. Obwohl, das Mädchen und die Eltern von ihr wussten, dass ich kein religiöser Mann bin und ihre Tochter nur als feste Freundin haben würde, waren sie trotzdem mit mir und mit meinem Vorschlag einverstanden.

Gesagt getan, innerhalb von einer Woche, waren wir zusammengezogen und tatsächlich, wie ich es mir vostellte, konnte ich mit Sex geheilt werden, und was für eine Behandlung das war!

Leider konnte ich mit dem Mädchen nicht länger als ein Jahr leben, nicht weil ich schon geheilt worden war, nein, aber wir hatten verschiedene Ansichten.

Der gewissenlose Arzt

Und weil ich das Thema „Sex“ angeschnitten habe, würde ich mich gerne nur mit der oberen Betitelung von diesem Kapitel begnügen, und im nächsten Buch werde ich das sehr lange Kapitel, das ein Kapitel für sich ist, ausführlich und detailliert zu Papier bringen. In diesem Kapitel werde ich diesen Arzt entlarven, desmaskieren.

Bereitschaft und Verständnis für den Dialog

Die Neonazis verfolgen ihre eigene Ideologie, und solche Gruppen, die eine eigene Ideologie haben, existieren in jedem Land, manche religiös, manche politisch, etc.

Ich würde gern ein paar Fälle zu Papier bringen, wo ich große Gruppen von Neonazis getroffen hatte und in deren Nähe war und keiner von denen tat mir irgendetwas, im Gegenteil, in einem Fall lächelte der Neonazis-Boss und ich erwiderte das Lächeln.

An einem Abend, als ich den Zug von München nach Lindau nahm, begegnete ich einer Gruppe von Nazis. Ich stieg in den Zug, und das war nicht das erste Mal, dass ich mit dem Zug fuhr. Früher war ich immer mit dem Auto gefahren, aber einmal hatte ich meinen Schwiegervater sagen hören, dass das Fahren mit dem Zug billiger und bequemer sei, und tatsächlich, er hatte Recht, und seitdem fuhr ich immer wieder mit dem Zug, in dem man auch eine Tasse Kaffee trinken oder was essen kann, sogar von meinem größten Hasser kam mal was Gutes.

Als ich in den Zug stieg, war ich für einen Augenblick von dem, was ich sah, total überrascht, aber wirklich, diese Überraschung dauerte nur einen kleinen unbemerkten Augenblick.

Im Zug saßen Menschen, die ich noch nie so hautnah, aber auch nicht so hautweit gesehen hatte, vielleicht nur ein Mall und zwar im Frensehen. Diese Menschen trugen Bomberjacken und waren, glatzköpfig, muskulös, aber auch Springerstiefel, hatten sie an, und dabei hatten sie Fussball-Fahnen und zwar von irgendeinem Fussballverein. Anscheinend waren sie bei einem Fußballspiel in München gewesen. Dieses Mal hatten sie keinen Baseballschläger dabei, aber sie waren sehr viele, mindestens zwei Waggons waren von denen ganz voll.

Gleich am Anfang des ersten Waggons saß der Häuptling von denen und das konnte man gleich an seinem Aussehen erkennen. Sie sahen alle brutal und schrecklich aus, aber der Boss sah doch wie ein Häuptling aus. Sie waren überall mit Nazi-Zeichnen tätowiert und der Boss, wenn ich mich nicht irre, hatte ein Tattoo auf dem Kopf.

Als ich sah, wie sie dasaßen und wie sie aussahen, aber auch als ich darüber nachdachte, was ich über sie gelesen und gehört hatte, wie sie mit Ausländern umgingen, vorallem der Fall mit dem Griechen, der kurz davor in München von Rechtsradikalen totgetreten worden war, gab es keinen Zweifel mehr, dass dieser Abend für mich nicht einfach werden würde.

Ich hatte das Gefühl, dass sie total überrascht waren, weil ich, als sie sah, nicht gleich, solange die Türen noch offen waren, ausgestiegen bin. Ich hatte es nicht getan und ich würde auch nie fliehen. Ich lief durch den ersten Waggon, wo der Boss saß, um einen freien Platz zu finden, und dabei schauten wir, der Häuptling und ich, uns mindestens zehn Senkunden in die Augen, als ob wir mit den Augen Botschaften tauschten. Meine Botschaft an ihn war, dass der Abend schön friedlich gewesen war und so sollte er auch bleiben. Seine Botschaft an mich war, heute ist dein Glückstag und wir tun dir nichts.

Ich ging weiter, weil in dem Waggon, wo der Boss saß, kein freier Platz mehr war, deswegen bin ich weiter gegangen, aber ich hätte auch nichts dagegen gehabt, mich sogar neben den Boss zu setzen.

Es war schon mein Glück, dass nichts passierte, aber auch mein Selbstbewusstsein, das ich durch meinen Sport erlangt hatte, half mir, die Sache durchstehen zu können.

Es gab andere Fälle, wo ich Nazis begegnete, aber auch nichts passierte. Ich hatte schon, als ich in Italien war, über diese Nazi-Ideologie gelesen und deswegen, war für mich, Deutschland und Österreich zu besuchen oder dort zu leben, ausgeschlossen gewesen, aber die Liebe war stärker als die Angst, und so lebte ich doch in Deutschland.

Ich wusste, dass die Nazis Anhänger des Nationalsozialismus sind, und sie werden als Neonazis bezeichnet, weil sie die Nazis der heutigen Zeit sind, und sie sind seit dem Ende des Zweiten Weltkriegs politisch aktiv und sehen im Nationalsozialsozialismus eine gesellschaftliche Alternative, und noch dazu sehen sie ihr kämpferisches Ideal in den verbrecherischen Organisationen SS und SA.

Ich meine vielleicht, dass der Fall mit mir und den Nazis ein kleiner Hoffnungsschimmer zum Dialog mit den Neonazis sein könnte! Auf jedem Fall sind sie Menschen und man kann mit ihnen reden, und die Neonazis sollten davon überzeugt werden, dass die Ausländer für Deutschland ein Gewinn sind und durch die Ausländer nichts verloren gehen wird, denn die Arbeit, die die Ausländer machen, von den Deutschen nicht gemacht werden wird. Wenn also die Nazis das Land wirklich lieben, dann müssten sie die Ausländer, die die Arbeit für Deutschland machen, akzeptieren, und es ist auch keine Gefahr, dass die deutschen Mädchen von den Ausländern geschnappt werden, schliesslich gehen die deutschen Mädchen ins Ausland und schnappen sich die Ausländer. Als ich meine österreichischen und deutschen Freundinnen kennengelernt hatte, war ich weder in Deutschland noch in Österreich. Also stellen in jeder Hinsicht die Ausländer für niemanden irgendeine Gefahr dar. Und die sogenannte „reine deutsche Rasse“, das ist nichts als eine Fantasie, schliesslich wurden, als Deutschland zweimal den Krieg durch dieses kämpferisches Ideal verloren hatte, Millionen von deutschen Frauen von den Eroberern und Bezwingern entweder vergewaltigt worden oder freiwillig mit einem Stück Schokolade überzeugt worden, sich nehmen zu lassen, womit viele Kinder zur Welt kamen.

Also, wir sollten das Wort „reine Rasse“ aus den Köpfen, streichen und dafür das Wort „reine Wahrheit“ verwenden, denn, wenn man die Wahrheit, eingesteht, dann wird man einen reinen Blick haben.

Abgesehen von den Nazis, die eine Ideologie verfolgen, wie sieht es mit den normalen Deutschen aus, und mit dem Wort „normalen“, meine ich, dass viele politisch nicht aktiv sind, aber mit Sicherheit Vorurteile gegen Ausländer haben. Ich würde sagen, dass, solange diese normalen Deutschen diese schwarze Idee, die sie im Kopf haben, und zwar „die Ausländer sind schlecht, dumm, Diebe, Vergewaltiger und Terroristen, nicht ändern, und diese Gedanken, die sie von Hitler übernahmen, vergessen, dann werden immer wieder aus denen, neue Nazis, „Neonazis“, rauskommen, also sollte die Ursache behandelt werden.

Schlusswort

Wenn eine große Liebe besteht, dann müssen beide Partner darauf achten, dass diese große Liebe weiter bestehen bleibt, und das kann nur unter verschiedenen Aspekten erreicht werden.

Die Partner sollten ganz offen über die Probleme reden und die Argumente, voneinander anhören und sich richtig Gedanken darüber machen, voralem die Partnerin, wie in meinem Fall, sollte sich von ihrer Mutter nicht beeinflussen lassen, denn in so einem Fall werden die Anweisungen der Mutter während eines Gespräches mit dem Partner, im Kopf schweben und somit wird das Gespräch, dass die entstehenden Probleme lösen sollte, sinnlos bleiben.

Es ist nicht zu übersehen, dass viele Trennungen und Scheidungen wegen der Einmischung der Schwiegereltern und speziell der Schwiegermutter zustandegekommen sind.

Die Ausländer, die hier nach Deutschland kommen, kommen mit Sicherheit nicht, um die Deutschen zu ärgern oder irgendwas von ihnen zu stehlen, sondern weil sie hier vielleicht Schutz suchen und von den Raketen, die in Deutschland produziert worden waren und von Diktatoren in ihren Heimatländer benutzt wurden, um Zivilisten zu töten, zu fliehen.

Oder die Ausländer sind hierher gekommen oder abgeholt worden weil Deutschland Arbeitskräfte gebraucht wurden.

Die Menschen hier sollten die Gründe, für ihren Hass gegen die Ausländer überdenken und sie nicht im Voraus, wegen der Hautfarbe, vorurteilen und sich von dieser Besessenheit befreien, dass die die „weiße Hautfarbe und blaue Augen“ haben, besser denkend, schöner und klüger als die andere sind.

Die Ausländer, die hierher kommen, wissen, dass das Land ein demokratisches Land ist und deswegen, würden sie gerne von den Behörden, speziell von der Polizei, genau wie die Deutschen behandelt werden.

Ich würde gerne am Ende sagen, Gott schütze, Ägypten, wo meine Eltern begraben sind, und schütze Deutschland, wo meine Erinnerungen und ein Stück meines Herzens sind.

----------------------E N D E----------------------